现代企业工商管理模式的创新发展策略研究

郑　伟　司冬梅　李海军　著

哈尔滨出版社
HARBIN PUBLISHING HOUSE

图书在版编目（CIP）数据

现代企业工商管理模式的创新发展策略研究 / 郑伟,
司冬梅, 李海军著. -- 哈尔滨 : 哈尔滨出版社, 2023.5
ISBN 978-7-5484-7234-6

Ⅰ.①现… Ⅱ.①郑… ②司… ③李… Ⅲ.①企业管
理－管理模式－研究－中国 Ⅳ.①F279.23

中国国家版本馆CIP数据核字(2023)第084912号

书　　名：现代企业工商管理模式的创新发展策略研究
XIANDAI QIYE GONGSHANG GUANLI MOSHI DE CHUANGXIN FAZHAN CELÜE YANJIU
- -
作　　者：郑　伟　司冬梅　李海军　著
责任编辑：韩金华
封面设计：舒小波
- -
出版发行：哈尔滨出版社（Harbin Publishing House）
社　　址：哈尔滨市香坊区泰山路82-9号　　邮编：150090
经　　销：全国新华书店
印　　刷：天津和萱印刷有限公司
网　　址：www.hrbcbs.com
E-mail：hrbcbs@yeah.net
编辑版权热线：（0451）87900271　87900272
销售热线：（0451）87900201　87900203
- -
开　　本：787mm×1092mm　1/16　印张：9.75　字数：235千字
版　　次：2024年1月第1版
印　　次：2024年1月第1次印刷
书　　号：ISBN 978-7-5484-7234-6
定　　价：68.00元
- -
凡购本社图书发现印装错误，请与本社印制部联系调换。
服务热线：（0451）87900279

前 言

随着全球经济的快速发展和市场竞争的日益激烈，现代企业工商管理模式的创新已成为企业发展的关键因素。在这个不断变化的时代，企业必须不断适应新的经营环境和市场要求，探索新的管理理念和方法，以保持竞争优势和持续发展。本书旨在深入探讨现代企业工商管理模式的创新策略，探寻如何应对现实制约，促进工商管理领域的发展和提升企业经营效率。

第一章概述现代企业的基本概念，为本书奠定基础。本章介绍了现代企业及其使命，以及产权制度与企业类型的关系。同时，阐述了企业经营目标和机制，以及现代企业的经营方式和制度的建立，为后续章节提供了理论基础。

第二章介绍现代企业工商管理的理论知识，对现代企业管理进行概述，探讨企业管理的基本原理与方法，并回顾现代管理理论的形成与发展。此外，本章还分析了企业经营思想与经营哲学，为读者深入理解现代企业管理提供理论指导。

第三章详细阐述现代企业工商管理的基本概念。本章首先定义了现代企业工商管理，接下来介绍了其内容和意义。在全面了解现代企业工商管理的基础上，读者将对其在现代企业中的重要性有更深入的认识。

第四章分析现代企业对工商管理人员职业能力的需求，包括工商管理人才职业能力概述和工商管理人员职业能力需求的分析。随着企业对管理人才的需求日益增加，本章将指导读者了解现代企业对工商管理人员的期望，以提升职业竞争力。

第五章着重分析现代企业经营管理的经营环境。本章对现代企业经营环境进行全面概述，并深入分析宏观环境、行业结构、经营机会和经营风险等方面的情况。通过对企业经营环境的分析，企业可以更好地把握市场发展中的机遇和挑战，制定适应性强的经营策略。

第六章探讨现代企业工商管理的现实制约因素，包括工商管理基础薄弱、理念落后和体制落后等问题。本章将深入分析这些现实制约因素，为后续章节的创新策略提供分析依据。

第七章是本书的重点，研究现代企业工商管理模式的创新策略。本章将从科学技术创新理念实施、资本经营的管理理念树立、现代化企业工商管理体制建立健全和工商管理专业人才培养四个方面提出创新发展策略。这些策略将帮助企业应对现实制约，推动现代企业工商管理模式的不断发展和提升。

本书深入探讨了现代企业工商管理模式的创新策略，为企业和工商管理领域的发展提供有益的借鉴和启示。希望本书能为现代企业工商管理模式的创新发展提供有益的思路和实践指导。

Contents

目　录

第一章 现代企业的基本概念

第一节 现代企业及其使命

一、现代企业的概念

现代企业是国民经济巨系统中的一个系统。它的投入与生产都离不开国民经济这个巨系统，它所需要的生产要素由国民经济各个部门向其投入，它所生产的产品又需要向其他部门输出。可见，国民经济巨系统乃是企业系统的外部环境，是企业不可控制的因素；企业内部条件是企业本身可以控制的因素。当企业外部环境发生变化时，企业可以通过改变内部条件来适应这种变化，以保证达到既定的经营目标。

（一）现代企业的特征

1. 灵活的组织结构和管理模式

现代企业的一个显著特征是其灵活的组织结构和管理模式。传统上，企业通常采用层级式的组织结构，信息和决策在各级管理者之间流动，导致决策滞后和资源浪费。随后，现代企业意识到这种刚性的结构不利于快速应对市场的变化和创新。因此，现代企业越来越倾向于采用扁平化的组织结构，减少层级，鼓励员工参与决策，以促进快速反应。此外，一些现代企业还采用了跨部门或跨团队的网络化管理模式，以便更好地协调资源和共享知识。

2. 强调人力资本和员工发展

现代企业认识到员工是其最宝贵的资本，要注重人力资本的培养和员工的持续发展。在现代企业中，人力资源管理不再仅仅是招聘与解雇，更加注重员工的职业规划、培训与发展，以及激励与奖励机制。员工被视为组织中的重要合作者，而不仅仅是执行者，因此，现代企业鼓励员工参与决策，倡导员工创新和自主管理，以提高组织的整体效率和创新能力。

3. 技术与数字化转型

现代企业积极采用先进的技术和数字化手段来优化运营和管理流程。信息技术、大数据分析、人工智能等技术在现代企业中发挥着关键作用。这些技术帮助企业更好地了解市场和客户需求，提高生产效率，优化供应链管理，实现个性化营销，加强数据安全等。数字化转型不仅使企业更具竞争优势，还为企业创造了更多商机和实现创新的可能性。

4. 社会责任和可持续发展

现代企业不再仅仅追求经济效益，也注重承担社会和环境的责任。企业越来越认识到其在社会中的角色和影响力，因此，许多企业将可持续发展纳入其战略目标。同时，现代企业倡导公平贸易、环境保护、员工福利等，并积极参与慈善和社会公益活动。社会责任的履行不仅提高了企业的形象，还为企业带来了更加忠诚的客户和员工群体。

（二）现代企业的沟通

1. 内部沟通的重要性

现代企业意识到内部沟通的重要性，尤其是在分散式和虚拟团队的情况下。良好的内部沟通有助于消除信息孤岛，增进员工的归属感，促进团队合作，避免冲突和误解。现代企业采用多种渠道和工具，如在线会议、即时消息平台、内部社交媒体等，以促进员工之间的沟通和信息共享。

2. 多元化沟通方式

随着科技的进步，现代企业逐渐开始采取多元化的沟通方式。除了传统的书面和口头沟通外，现代企业还采用图像、视频、动画等形式，使沟通更加生动有趣，易于理解和吸收。此外，现代企业还鼓励开放的沟通氛围，鼓励员工提出问题和提供反馈，以不断改进沟通效果。

3. 创新沟通策略

现代企业意识到不同受众需要不同的沟通策略。针对客户、员工、合作伙伴等不同群体，企业采用差异化的沟通方法。现代企业也越来越注重故事性沟通，通过讲述真实而有意义的故事来传递信息，增强共鸣和情感连接。

4. 跨文化沟通能力

随着全球化的加速，现代企业面临对不同文化背景的人员和市场，因此，跨文化沟通能力成为现代企业的一项重要素养。企业需要培养员工的跨文化意识，了解不同文化的价值观和沟通方式，以确保沟通的有效性和沟通者之间的彼此尊重。

二、现代企业社会责任

企业社会责任是指企业生产全过程中不仅仅在获得利润、对企业员工和股东承担相关责任，而且还要承担对周边环境、社区和广大消费者的责任。该责任要求企业既要兼顾企业的利润，也要在生产过程中关注人的价值，同时还要对环境、消费者和社会做出一定的贡献。现代企业履行社会责任不仅是必需的，而且是十分必要的，我们要在我国逐渐形成企业必须自觉履行社会责任的良好氛围。

（一）现代企业社会责任的主要内涵

1. 经济责任

现代企业的经济责任是其社会责任的基础，涉及企业在经济活动中应遵循的道德和法律规范。企业应确保合法经营，履行税收义务，为股东创造利润，并为员工提供公平的薪酬和福利待遇。经济责任的履行不仅有助于企业的可持续发展，也能为社会经济繁荣做出贡献。

2. 法律责任

现代企业应遵守国家和地区的法律法规，包括劳动法、环境法、消费者权益保护法等。企业要积极防范和解决可能产生的法律风险，严格按照法律规定履行义务，保障员工和客户的合法权益。

3. 伦理与道德责任

伦理与道德责任是指企业在经营过程中应秉承的道德准则和价值观。现代企业需要考虑到员工、客户、供应商和社区的福祉，避免利益冲突和道德风险。企业还应推动诚信经营，拒绝腐败行为，遵循商业道德，促进公平竞争。

4. 社会责任

现代企业应对社会承担责任，包括关注社会问题、参与社区事务、推动公益慈善等。社会责任涵盖广泛，涉及教育、环保、公共卫生、扶贫济困等方面。企业通过履行社会责任，增强社会声誉，获得社会的支持和认可。

（二）现代企业履行社会责任的现状

1. 意识提升与行动落实

近年来，越来越多的现代企业意识到履行社会责任的重要性，许多企业将社会责任纳入企业战略和价值观中。企业开始建立相关的社会责任体系和标准，并制订具体的社会责任计划。一些大型跨国企业更是将社会责任视为企业发展的核心竞争力，不断推进相关行动的落实。

2. 现代企业社会责任报告

越来越多的现代企业开始发布社会责任报告，向利益相关者展示其履行社会责任的成果和进展。这些报告通常包括企业的社会责任政策、目标、行动计划以及取得的成绩。社会责任报告的透明度有助于企业建立公信力，也有助于促进了企业社会责任管理的持续改进。

3. 多方合作与共赢模式

现代企业在履行社会责任时越来越倾向于采取多方合作和共赢模式。企业与政府、非营利组织、社区等合作伙伴合作，共同解决社会问题，提高履行社会责任的效率和影响力。这种合作模式有助于整合各方资源，实现资源优势互补，促进社会责任工作的可持续发展。

4. 面临的挑战与困境

尽管现代企业在履行社会责任方面取得了一定的进展，但仍面临一些挑战与困境。首先，企业在履行社会责任时需要权衡各方利益，确保经济效益与社会效益的平衡；其次，一些企业可能仅在表面履行社会责任，缺乏真正的内在动力和长期承诺；最后，全球化和复杂多变的社会问题使得企业在跨国界履行社会责任时面临更多复杂性与挑战。

（三）现代企业履行社会责任的必要性

1. 塑造良好企业形象

履行社会责任有助于塑造企业良好的社会形象。公众对企业的社会责任态度日益重视，一个具有良好社会形象的企业更易获得公众信任和认可。良好的企业形象有助于吸引优秀人才、增强客户忠诚度，促进合作伙伴关系的稳固发展。

2. 降低经营风险

现代企业在履行社会责任时，将注意力放在环境、社会、治理等方面，有助于减少经营风险。例如，积极采取环境友好型措施，有助于避免环境污染导致的法律诉讼和声誉损害；通过促进员工健康与福利，减少工伤事故，企业可以降低劳动纠纷和诉讼风险；此外，通过建立透明的公司治理结构，避免腐败与不当行为，企业能够减少财务和管理方面的风险。

3. 提高企业竞争力

履行社会责任不仅是企业的道义责任，也是企业的经营优势。越来越多的消费者倾向于支持有社会责任感的企业，对环保、公益等问题关注程度也日益增加。企业如果能够积极履行社会责任，满足消费者和社会的期望，将获得竞争优势，提升市场地位。

4. 推动可持续发展

现代企业履行社会责任，不仅仅是短期的行为，更是推动可持续发展的重要举措。企业在考虑社会责任时，必将长远利益放在首位，注重资源的合理利用与环境的保护。通过推动可持续发展，企业能够为未来的经济、社会和环境发展做出积极的贡献。

5. 获得政府支持和政策优惠

许多国家和地区的政府对履行社会责任的企业给予一定的政策优惠和支持。例如，政府可能给予税收减免、补贴或其他激励措施，以鼓励企业参与到环保、扶贫、教育等社会责任领域。履行社会责任的企业更容易获得政府的认可与支持，为企业发展提供有力的政策支撑。

现代企业社会责任的主要内涵包括经济责任、法律责任、伦理与道德责任以及社会责任。在履行社会责任的现状中，企业意识提升并加大行动落实，社会责任报告的发布和多方合作成为趋势，但仍面临挑战与困境。履行社会责任对现代企业的必要性体现在塑造企业形象、降低经营风险、提高企业竞争力和推动可持续发展等方面。通过履行社会责任，企业不仅能够取得商业成功，还能够为社会的发展和进步做出积极贡献。

第二节 产权制度与企业类型

一、现代企业的分类及特征

（一）公司

1. 公司的定义与特征

公司是指由法人或自然人组成的一种独立经济实体，其责任仅限于其自身的财产，具有法人资格。公司作为一种主要的商业组织形式，在现代经济中发挥着重要的作用。公司的主要特征包括有限责任、独立法人地位、持续的存在性、股份制等。

2. 公司的分类

公司可以根据所有权形式、经济目标、业务范围等不同特点进行分类。

（1）按所有权形式分类

a. 国有公司：由国家全资或部分出资设立和运营的公司，国有资产占主导地位。

b. 私营公司：由私人、个人或机构全资或部分出资设立和运营的公司，私人资本占主导地位。

c. 混合所有制公司：国有资本和私人资本共同出资设立和运营的公司。

（2）按经济目标分类

a. 盈利性公司：其主要目标是追求经济效益和利润，以满足股东和投资者的利益。

b.非营利性公司：其主要目标是为了社会公益或慈善事业，盈利不是其首要考虑因素。

（3）按业务范围分类

a.产业公司：主要从事生产或制造业务，涉及制造、加工、生产等环节。

b.商业公司：主要从事商品的流通和销售，包括零售商、批发商等。

c.服务公司：主要提供各类服务，如咨询、金融、保险、教育等。

（二）合伙企业

1.合伙企业的定义与特征

合伙企业是指由两个或两个以上的自然人或法人组成的经济实体，共同承担经营风险和责任，并按照合伙协议共享经营成果的组织形式。合伙企业的主要特征包括合伙人的共同责任、无独立法人地位、合伙协议等。

2.合伙企业的分类

合伙企业可以根据合伙人的身份和经济目标进行分类。

（1）根据合伙人身份分类：

a.普通合伙企业：由至少一名普通合伙人和一名有限合伙人组成，普通合伙人承担无限责任，有限合伙人仅对企业债务承担有限责任。

b.有限合伙企业：由至少一名普通合伙人和一名有限合伙人组成，所有合伙人均对企业债务承担有限责任。

（2）根据经济目标分类：

a.盈利性合伙企业：合伙人共同承担风险，共享经营利润。

b.非营利性合伙企业：合伙人共同投入资源，但不以盈利为主要目标，追求非经济效益。

（三）外商投资企业

1.外商投资企业的定义与特征

外商投资企业是指外国投资者或外国企业与国内企业合资、合作、独资或控股设立的企业。外商投资企业的主要特征包括外国资本参与、涉及跨国界经营、遵循国际投资规则等。

2.外商投资企业的分类

外商投资企业可以根据外资持股比例、经济活动和投资领域等不同特点进行分类。

（1）根据外资持股比例分类

a.合资企业：外国投资者与国内投资者共同出资设立，共同经营和共享利润。

b.独资企业：由外国投资者独资设立，独自经营和享受利润。

（2）根据经济活动分类

a.制造业外商投资企业：外商投资企业主要从事生产、加工、制造等制造业务。

b.服务业外商投资企业：外商投资企业主要从事服务业务，如金融、教育、医疗、旅游等。

（3）根据投资领域分类

a.纵向外商投资企业：外商投资企业在本国扩大产能或开拓新市场，从事与其原有业务相关的产业。

b. 横向外商投资企业：外商投资企业在本国开展与其原有业务无关的新产业。

（四）其他商业实体

除了公司、合伙企业和外商投资企业外，现代经济中还存在其他一些商业实体。这些实体可能以不同的形式存在，例如个体经营、家族企业、社会企业等。它们在经济活动中扮演着不同的角色，具有各自特有的特征。

（1）个体经营

个体经营是指由个人独立经营、拥有全部收益和负担全部责任的商业形式。个体经营者独自负责企业的运营和决策，享受全部经营收益，但也承担个人财产的风险。其特征为：

a. 简单灵活：个体经营相对于大型企业来说，手续简单、管理灵活，更容易启动和运营。

b. 个人责任：个体经营者对企业的债务和风险负有无限责任，个人财产与企业财产不分彼此。

c. 有限规模：个体经营往往是小规模的经营形式，受制于个体经营者的资源和能力，难以实现大规模经济效益。

（2）家族企业

家族企业是指同一家族成员拥有并经营的企业。家族企业的特点是管理权和所有权集中在家族成员手中，企业的决策与经营往往受家族价值观和传统影响。其特征为：

a. 长期稳定：家族企业通常具有长期经营的特点，追求家族企业的传承和永续发展。

b. 家族控制：家族企业由家族成员担任高管和董事，家族成员往往拥有绝大部分股权。

c. 企业文化：家族企业通常有独特的企业文化，强调家族价值观和传统。

（3）社会企业

社会企业是指将社会责任和经济效益相结合的商业实体。社会企业的主要目标是解决社会问题或提供公共服务，同时也追求经济可持续性。

a. 双重目标：社会企业既关注社会问题的解决，也追求商业的可持续发展。

b. 社会创新：社会企业往往采用创新的商业模式和方法，以解决社会问题并实现商业价值。

c. 社会导向：社会企业的经营决策更多地受社会价值和公益性考虑，而非纯粹的经济利益。

现代企业可以根据不同的组织形式和经营特点进行分类，包括公司、合伙企业、外商投资企业和其他商业实体。公司是一种由法人或自然人组成的独立经济实体，具有有限责任、独立法人地位和持续存在性的特征；合伙企业是由两个或两个以上的自然人或法人共同承担经营风险和责任的实体；外商投资企业是外国投资者与国内企业合资、合作、独资或控股设立的企业；其他商业实体包括个体经营、家族企业和社会企业，它们在经济活动中各自具有独有的特征和作用。

二、股份、合股东、股票及其相关内容

（一）股份

股份是指股份有限公司的注册资本划分为若干等额的份额，每份代表一个投资份额。股份

可以由个人、法人或其他组织持有，它代表了持有者在公司中所拥有的所有权份额。股份是衡量股东在公司中权益和地位的基本单位。股份的特点：

有限性：股份的数量是有限的，每家公司的注册资本划分为若干股份，每个股东持有其中的一部分。

等额性：每一股份在公司中具有相同的权益和地位，不论股东的身份、投资金额或时间，每份股份的价值是相等的。

可转让性：股份可以在股票交易所或其他场所进行转让，股东可以通过买卖股票来变现或增加投资。

基本权益证明：持有股份证明股东对公司的所有权，股份证明是股东合法身份和权益的重要凭证。

（二）合股东

合股东是指共同投资一项业务或项目的投资者。合股东通常为两个或两个以上的个人、法人或组织，根据合股协议共同出资，共享合作项目的风险和收益。合股的形式可以是公司、合伙企业或其他经济组织。

1. 合股的特点

共同出资：合股东按照合股协议共同出资，形成共同的投资基金，用于开展合作项目。

共同经营：合股东共同参与项目的经营和决策，共享项目的管理权力和责任。

分享收益：合股东按照出资比例分享合作项目的经济利益，包括利润分配和资本回报。

分担风险：合股东共同承担项目的经营风险，包括经济风险、市场风险等。

2. 合股与合资的区别

合股与合资是两种不同的投资合作形式。合股是指多个投资者共同出资、共同经营、共同分享利益的投资合作；而合资是指两个或两个以上的投资者在一个新成立的公司中共同出资、共同经营，形成合资公司。

（三）股票

1. 股票的定义与概念

股票是公司为了筹集资金而发行的证券，代表了公司的一部分所有权。股票持有者即为股东，持有股票的数量与其在公司中所拥有的股份相对应。股票通常可以在证券交易所或其他场所进行交易，是股东在股份有限公司中投资的凭证。

2. 股票的特点

代表所有权：股票是公司的所有权证明，持有股票的人即为公司的股东，享有相应的权益和权力。

流通性：股票可以在股票市场上自由买卖，投资者可以根据市场行情自由变现或增加投资。

股息分配：作为公司所有权的代表，持有股票的股东有权分享公司的利润分配，即股息。

股票类型多样：股票可以分为普通股和优先股，优先股在分配利润和资产时享有优先权。

3. 股票市场与交易

股票市场是股票的买卖场所，为投资者提供了买入和卖出股票的机会。股票市场可以是证券交易所，如纽约证券交易所（NYSE）和香港交易所（HKEX），也可以是场外交易市场（Over-the-counter，简称 OTC 市场）。

（1）证券交易所

证券交易所是集中交易的场所，由专门的交易所机构运营。在证券交易所上市的股票受到严格的监管和规范，交易过程透明、公平，流动性较高。股票交易在交易所上进行，买卖双方通过经纪人进行撮合交易。交易所的运营与监管有利于提高投资者信心，增加市场流动性，促进市场稳定。

（2）场外交易市场（OTC 市场）

场外交易市场是指非集中交易的市场，股票的交易不在一个中心化的交易所进行，而是通过经纪人之间的直接联系来完成。OTC 市场相对较为灵活，交易不受严格的交易所规定和监管。一些较小的公司或新兴企业可能选择在 OTC 市场交易，因为在上市交易所上市需要更高的门槛和成本。

（3）股票交易的流程

股票交易的一般流程包括以下几个步骤：

a. 委托下单

投资者通过证券账户向经纪人或证券交易所提交买入或卖出股票的委托。

b. 撮合交易

经纪人或交易所会将买入和卖出委托进行撮合，找到相应的买方和卖方，并以特定的价格完成交易。

b. 成交确认

交易完成后，经纪人向投资者发送成交确认，确认交易价格、数量和时间等细节。

d. 股票结算

交易完成后，证券交易所或结算机构将股票所有权从卖方转移到买方，同时结算相应的资金。

e. 股票持有与交割

投资者的股票将存放在其证券账户中，可以选择持有长期投资，或在未来适当时机卖出以变现。

（4）股票与公司治理

股票作为公司的所有权证明，与公司治理密切相关。股东作为公司的所有者，有权参与公司重要决策，如董事会选举、重大投资和业务决策等。股东也有权分享公司的经济利益，包括分配的红利和资本回报。因此，公司管理层通常要考虑股东的权益和意见，维护公司与股东之间的良好关系，以实现公司治理的稳定和良性发展。

（5）股票与投资风险

股票投资是有风险的，股票价格可能会因市场波动、公司业绩等因素而波动。投资者需认识到股票市场的不确定性，做好充分的投资准备。在进行股票投资时，投资者应根据自身的风险承受能力和投资目标，合理分散投资，降低单一股票风险，以实现长期投资收益最大化。

股份是股份有限公司注册资本划分为若干等额份额，代表股东在公司中的所有权份额；合股是多个投资者共同出资、共同经营、共享收益的投资合作形式；股票是公司为了筹集资金而发行的证券，代表了公司的一部分所有权。股份、合股和股票在现代企业和投资中发挥着重要作用，了解其特点与交易流程对投资者和企业管理者都具有重要意义。投资者应谨慎对待股票投资，合理配置投资组合，以实现长期稳健的投资收益。

第三节 企业经营目标和机制

一、企业经营目标

企业经营目标是在一定时期企业生产经营活动预期要达到的成果，是企业生产经营活动目的性的反映与体现，是指在既定的所有制关系下，企业作为一个独立的经济实体，在其全部经营活动中所追求的、并在客观上制约着企业行为的目的。企业经营目标，是在分析企业外部环境和企业内部条件的基础上确定的企业各项经济活动的发展方向和奋斗目标，是企业经营思想的具体化。

（一）企业经营目标的分类

企业经营目标是企业在经营过程中所追求的预期结果或期望达成的状况。根据不同的角度和维度，企业经营目标可以有多种不同的分类方式。

1. 按时间分类

（1）长期目标

长期目标通常涵盖较长时期（如三年、五年、十年等）内企业所希望实现的战略性目标。这些目标通常是企业未来发展的方向和愿景，如增长率、市场份额、全球化扩张等。

（2）短期目标

短期目标涵盖较短时期（如一年、半年、季度等）内企业希望实现的具体业务目标。这些目标通常与企业当前的经营状况和市场环境密切相关，如销售额、盈利水平、市场份额增长等。

2. 按性质分类

（1）经济目标

经济目标是企业追求经济效益和利润的目标，如实现盈利、提高资产回报率、降低成本等。

（2）社会目标

社会目标是企业在经营过程中所承担的社会责任和义务，如环境保护、员工福利、公益慈善等。

（3）管理目标

管理目标是指企业内部管理和组织运营的目标，如提高员工满意度、提升管理效率、优化内部流程等。

3. 按层次分类

（1）总体目标

总体目标是企业在整体战略层面所确定的宏观目标，涵盖企业的愿景、使命和长期发展方向。

（2）部门目标

部门目标是企业各个部门或业务单元在实现总体目标的基础上所制定的具体细分目标，以满足企业整体战略需求。

（3）个人目标

个人目标是企业员工在实现部门目标的基础上所设定的个人绩效目标，以实现对企业目标的个人贡献。

（二）企业的目标体系

企业的目标体系是指将各级目标有机结合、相互关联，形成整体的目标框架。企业的目标体系通常呈现层次性、递进性和互动性，并确保各级目标的一致性和统一性，以实现整体的经营目标。

1. 层次性

企业的目标体系是分层次的，从总体目标逐级细化至各个部门和个人的目标。总体目标作为顶层目标，指导着企业战略的制定和规划；部门目标和个人目标则从总体目标中衍生而来，与总体目标相互关联，形成整体的目标体系。

2. 递进性

企业的目标体系是递进的，即各级目标之间存在因果关系。总体目标的实现需要依赖于各个部门和个人目标的完成，各部门和个人的目标的实现又直接影响着总体目标的达成。这种递进性确保了企业各级目标的一致性和统一性。

3. 互动性

企业的目标体系是相互关联的，各级目标之间存在相互影响和互动。不同部门和个人的目标往往不是独立的，而是相互联系的。一个部门或个人的目标的实现，可能会对其他部门或个人的目标产生影响，因此需要协调与沟通，确保整体目标的协调推进。

（三）制定经营目标的作用与原则

1. 制定经营目标的作用

（1）战略导向

经营目标是企业战略的重要组成部分，它为企业发展提供了战略导向和长远目标，指引企业决策与行动。

（2）组织统一

经营目标将企业内外各方的利益纳入考虑，使企业内部形成统一的价值观和行为准则，确保各部门和个人的努力方向一致。

（3）绩效评估

经营目标是衡量企业绩效和成果的重要标准，它为企业提供了评估绩效和管理绩效的基础。

2.制定经营目标的原则

（1）SMART原则

经营目标应具备SMART特性，即具体（Specific）、可衡量（Measurable）、可实现（Achievable）、相关（Relevant）和有时限（Time-bound）。

（2）顶层设计

企业的总体目标需要由企业的领导层制定，并确保目标的战略导向和整体性。

参与和沟通：制定经营目标应该广泛征求各方的意见并鼓励其参与，增加目标的可行性和可接受性。

（3）动态调整

企业经营目标应该是灵活可调的，随着市场环境和内外部条件的变化，需要及时调整和修正，确保目标的持续有效。

平衡性：经营目标应该具有整体性和平衡性的，综合考虑企业的各方面需求和利益，避免单一目标以防止其他方面的失衡。

3.目标的层次与链接

企业的目标通常具有不同层次，从总体目标逐步细化至具体绩效目标。这些目标之间存在着重要的链接和关系。

（1）总体目标与战略目标的链接

总体目标是企业未来发展的愿景和方向，涵盖了长期战略的指导思想。战略目标是为实现总体目标而制定的战略性目标，通常涉及企业的市场定位、产品组合、资源配置等战略方面。

（2）战略目标与部门目标的链接

战略目标需要在各个部门或业务单元中得到具体化和执行。部门目标是为实现战略目标而制定的，通常涉及部门内部的运营和管理方面。

（3）部门目标与个人目标的链接

部门目标需要在个人层面具体执行，个人目标是为实现部门目标而制定的，通常涉及个人在工作中的任务和绩效考核。

4.经营目标的衡量与评估

制定经营目标不仅要确保目标的合理性和可行性，还需要建立相应的衡量和评估体系，以监控和评估目标的达成情况。

（1）绩效指标

绩效指标是用来衡量和评估经营目标达成情况的具体指标。这些指标可以是财务指标，如销售额、利润率、市场份额等；也可以是非财务指标，如员工满意度、客户满意度、产品质量等。

（2）KPIs

关键绩效指标（Key Performance Indicators，简称KPIs）是用来跟踪和衡量特定目标或关键业务流程的指标。KPIs可以帮助企业更加准确地了解目标的进展情况，以便及时发现问题并采取相应措施。

（3）绩效评估

绩效评估是指对经营目标达成情况进行定期的综合性评估。通过绩效评估，企业可以了解目标的实现程度，找出存在的问题和不足，为调整和优化经营策略提供依据。

（4）反馈与改进

绩效评估的结果应该及时反馈给相关责任人，以便他们对自己的目标完成情况进行评估和反思。如果目标没有达成，可以从中总结教训，找出原因，并采取相应措施进行改进。

企业的经营目标是企业在经营过程中所追求的预期结果或期望达成的状况，它们可以按时间、性质和层次进行分类，这些构成了企业的目标体系。制定经营目标需要遵循SMART原则，并确保目标的顶层设计、参与和沟通，以及动态调整和平衡性。企业的目标体系应该呈现层次性、递进性和互动性，确保各级目标之间的一致性和统一性。

二、企业经营机制的基本内容和实质

企业经营机制的合理运行应是企业行为的自觉调节过程，自觉矫正偏差，以期实现最佳目标。探究企业经营机制实现方式对于增强企业动力、自我调控的能力提升和企业经营机制规范运行有重要的意义。

（一）企业经营机制与企业动力

企业经营机制是指企业为了实现经营目标而建立的组织、管理、决策和激励等制度和流程的总称。它是协调企业内部各要素、优化资源配置、推动企业持续发展的重要手段。企业经营机制的实质是建立一套科学合理的组织结构和管理制度，以实现资源的高效配置和价值创造，推动企业在市场竞争中取得竞争优势。

1.组织结构与职权划分

企业经营机制中的组织结构是指企业内部各部门和岗位之间的关系和层次结构。合理的组织结构有助于明确各部门的职责和职权，避免职责交叉和责任模糊。同时，科学的职权划分可以提高决策效率，加快资源配置和执行速度。

2.决策制度与流程

企业经营机制中的决策制度和流程是指企业内部决策的规则和程序。决策制度和流程的建立有助于确保决策的科学性和公正性，避免个人决策的主观性和偏见。同时，高效的决策流程可以缩短决策周期，提高企业对市场变化的应对能力。

3.激励机制与绩效评价

企业经营机制中的激励机制是指通过薪酬、奖惩、晋升等手段激发员工的积极性和创造性。激励机制的建立可以提升员工的工作动力和投入度，提高工作效率和绩效。绩效评价是激励机制的重要组成部分，通过对员工绩效的评估，将业绩与激励挂钩，激发员工的积极性和工作热情。

（二）企业经营机制的调节系统

企业经营机制是一个复杂的系统，需要建立相应的调节机制来确保其有效运行和适应变化的环境。

1.内部控制体系

内部控制体系是企业经营机制的重要调节系统，它是指企业为了达成经营目标，防止风险和错误，提供合理保证的一系列内部控制措施。内部控制体系包括内部审计、风险管理、财务管理、信息披露等方面，通过制定相应的规章制度和流程，确保企业内部的合规性和规范性。

2.绩效管理体系

绩效管理体系是企业经营机制的重要调节手段，它是对企业经营目标的实现情况进行监控和评估的体系。通过设定合理的绩效指标和KPIs，对企业各层次的绩效进行定量化评估，及时发现问题和不足，为调整和优化经营策略提供数据支持。

3.反馈与改进机制

反馈与改进机制是企业经营机制的重要组成部分，它是指对经营机制运行情况进行反馈和评估，及时发现问题和短板，并采取相应的改进措施。其中包括对经营目标的实现情况进行定期评估和分析，对决策制度和流程进行不断的完善和优化。

（三）企业经济经营机制运行规范的实现方式

1.建立标准化管理制度

企业经济经营机制运行规范的实现需要建立一套完善的标准化管理制度。这包括各方面的管理制度，如财务管理制度、人力资源管理制度、生产运营管理制度等。标准化管理制度可以确保企业内部各项经济活动按照统一的标准和流程进行，降低管理风险，提高经营效率。

2.加强内部控制与审计

加强内部控制与审计是规范企业经营机制运行的重要手段。内部控制与审计可以发现企业内部的漏洞和问题，防范和减少潜在的经营风险。同时，通过定期内部审计，确保企业经营活动的合法性和规范性。

3.强化绩效管理与激励机制

企业经济经营机制运行规范的实现还需要强化绩效管理与激励机制。通过建立科学合理的绩效评估体系，将绩效与激励挂钩，激发员工的积极性和创造性，提高整体业绩。同时，激励机制的设计要注重平衡，确保激励措施能够对员工产生积极的影响，而不会引发不当行为或短期行为导向。合理的激励机制应该考虑长期绩效、团队合作和公司整体利益，促使员工与企业共同成长。

4.建立学习与创新机制

企业经济经营机制运行规范的实现也需要建立学习与创新机制。学习机制可以鼓励员工不断学习和提升自己的能力，适应市场变化和业务需求；创新机制可以激发员工的创造力和创新意识，推动企业在产品、服务、管理等方面持续创新，保持竞争优势。

5.提高企业文化建设

企业经济经营机制运行规范的实现离不开良好的企业文化建设。良好的企业文化可以增强员工的凝聚力和归属感，激励员工为企业的共同目标努力。企业应注重塑造积极向上的企业文化，倡导诚信、责任、创新、合作的价值观，形成有利于企业经济经营机制运行的文化氛围。

6. 加强监督与问责

规范企业经济经营机制运行规范的实现还需要加强监督与问责。企业应建立健全监督体系，确保决策制度和流程的执行情况得到监督和检查。对于不符合规范要求或违反规定的行为，要进行适当的问责和惩处，形成有效的监督机制，保障企业经营机制的有效实施。

（四）企业经营机制的优化与创新

企业经营机制是一个不断优化与创新的过程。随着市场环境和企业内部情况的变化，企业需要不断调整和改进经营机制，以适应新的挑战和机遇。

1. 借鉴先进管理理念与经验

企业可以借鉴国内外先进的管理理念和经验，如精益生产、敏捷管理、人力资本管理等，结合自身实际情况进行有针对性的应用。先进的管理理念和经验可以为企业提供新的思路和方法，帮助企业优化和创新经营机制。

2. 引进新技术与工具

随着信息技术的不断发展，企业可以引进新技术与工具来优化经营机制。例如，企业可以应用大数据分析来提升决策效率和精准营销能力，引入人工智能来优化生产流程和资源配置，使用云计算来提高信息共享和协同效率等。

3. 建立开放创新机制

企业可以建立开放创新机制，鼓励内外部的创新合作。通过与合作伙伴、供应商、客户等进行紧密合作，共享资源和知识，推动技术创新和业务创新，提升企业的竞争力和创新能力。

4. 注重员工参与与反馈

优化和创新企业经营机制的过程中，员工的参与和反馈非常重要。员工是企业经营的主体，他们在实际操作中对经营机制的优化和改进具有丰富的经验和见解。因此，企业应该积极倾听员工的意见和建议，鼓励员工参与决策和创新，形成共识和合力。

企业经营机制是企业为实现经营目标而建立的一套组织、管理、决策和激励等制度和流程。它是推动企业持续发展的重要手段。为了规范实施企业经营机制，企业可以建立内部控制体系、绩效管理体系和学习与创新机制，加强企业文化建设和监督问责。同时，企业应不断优化与创新经营机制，借鉴先进的管理理念与经验，引进新技术与工具，建立开放创新机制，并注重员工的参与与反馈。通过这些措施，企业能够更好地适应市场变化，提高经营效率和竞争力，实现持续增长和可持续发展。

第四节　现代企业的经营方式

一、现代企业经营模式的选择

现代企业在面对日益复杂多变的市场环境和激烈的竞争压力时，需要选择适合自身发展的经营模式。不同类型的企业可能会采取不同的经营模式，包括传统企业模式、创新型企业模式、数字化企业模式等。选择适合的经营模式对企业的竞争力、创新能力和持续发展至关重要。

（一）传统企业模式

传统企业模式通常是基于传统产业链和市场经验的经营方式。这种模式在稳定行业和成熟市场中可能较为适用，但在面对市场变化和新兴竞争对手时可能显得保守和缺乏创新。传统企业模式注重成本控制和效率优化，但可能较少关注市场创新和客户体验。

（二）创新型企业模式

创新型企业模式是指以创新为核心，通过不断推陈出新、开发新产品或服务，引领市场变革和技术进步的经营方式。这种模式适用于技术密集型和创新驱动型产业，注重研发投入和知识产权保护。创新型企业模式强调不断迭代和持续创新，但也面临技术风险和市场认可的挑战。

（三）数字化企业模式

数字化企业模式是指以数字技术为基础，运用大数据、人工智能、物联网等技术手段来优化运营和提升客户体验的经营方式。这种模式适用于数字经济时代，注重数据收集和分析，以用户需求为导向。数字化企业模式可以提高企业的智能化和高效运营，但也需要面对数据安全和隐私保护的挑战。

二、现代企业主要经营管理模式分析

（一）市场导向模式

市场导向模式是指企业将市场需求和客户满足放在首位，通过深入了解市场需求，开发适合市场的产品或服务，不断提升客户满意度和市场份额。这种模式强调市场营销和客户关系管理，企业需要灵活调整产品和服务，适应市场的变化和缓解竞争压力。

1. 市场导向模式的内涵和特征

市场导向模式是现代企业在经营管理中将市场需求和客户满足放在首位的一种经营方式。它强调以市场为导向，通过深入了解和研究市场需求、竞争对手和行业趋势，开发符合市场需求的产品或服务，从而提升客户满意度和市场份额。市场导向模式的特征包括：以客户为中心，关注客户需求和体验；注重市场营销，将营销视为核心竞争力；灵活调整产品和服务，适应市场变化和缓解竞争压力。

（1）以客户为中心，关注客户需求和体验

市场导向模式的核心是以客户为中心，将客户需求和满意度置于企业经营的首要位置。企业通过深入了解客户的需求、偏好和痛点，不断改进产品和服务，提高客户体验，从而增强客户的忠诚度和满意度。

（2）注重市场营销，将营销视为核心竞争力

在市场导向模式下，营销被视为企业的核心竞争力。企业需要建立健全的市场营销体系，包括市场调研、市场定位、产品定价、销售渠道等方面。通过有效的市场营销策略，企业能够更好地满足客户需求，拓展市场份额。

（3）灵活调整产品和服务，适应市场变化和缓解竞争压力

市场导向模式要求企业能够及时调整产品和服务，以适应市场变化和缓解竞争压力。企业需要密切关注市场动态和竞争对手的举动，及时做出调整和优化，确保产品和服务始终符合市场需求。

2. 市场导向模式的优势和局限性

（1）优势

市场导向模式的最大优势在于其能够深入了解市场需求和客户需求，使企业能够生产出更加符合市场和客户需求的产品和服务。通过市场导向，企业能够提高客户满意度，增强客户忠诚度，提高市场份额。此外，市场导向模式也有助于企业发现市场机会和潜在需求，促进创新和持续发展。

（2）局限性

市场导向模式也存在一些局限性。首先，过度关注市场需求可能导致企业过分追逐短期利润，忽视了长期发展和战略规划；其次，市场导向模式可能导致企业过度依赖市场反馈和客户需求，缺乏创新精神和独特竞争优势；最后，市场导向模式需要企业具备强大的市场调研和营销能力，对人才和资源要求较高。

3. 如何实施市场导向模式

（1）建立完善的市场调研体系

企业应建立完善的市场调研体系，通过各种调研手段了解市场需求和客户需求，掌握市场动态和竞争状况。市场调研是实施市场导向模式的基础，它为企业决策提供了数据支持。

（2）加强市场营销和品牌建设

市场导向模式要求企业注重市场营销和品牌建设。企业应建立专业的市场营销团队，制订切实可行的营销策略和计划，提高市场营销效率和效果。同时，加强品牌建设，提升企业的品牌知名度和美誉度，增强品牌竞争力。

（3）提高产品和服务质量

市场导向模式强调以客户为中心，企业应不断提高产品和服务质量，满足客户的个性化需求。通过不断改进和创新，企业能够提升客户体验，增强客户满意度。

（4）加强市场竞争分析

企业应密切关注市场竞争动态，对竞争对手的产品和策略进行深入分析，及时调整自身的产品和营销策略。通过市场竞争分析，企业能够更好地把握市场机会和挑战，保持竞争优势。

（二）生态共建模式

生态共建模式是指企业通过与供应商、合作伙伴、客户等形成紧密的合作关系，共同构建良好的产业生态系统。这种模式注重合作共赢和资源共享，企业可以通过整合各方资源和优势，实现优势互补，共同发展。

1. 生态共建模式的内涵和特征

生态共建模式是一种现代企业经营管理的重要方式，它强调企业与供应商、合作伙伴、客户等形成紧密的合作关系，共同构建良好的产业生态系统。生态共建模式的核心思想是资源共享、优势互补、合作共赢。企业通过与各方共建生态系统，实现资源整合和优势互补，从而实

现共同发展。

（1）资源共享和优势互补

生态共建模式强调企业与合作伙伴之间资源的共享和优势的互补。企业与供应商、合作伙伴形成紧密的合作关系，共享彼此的资源和信息，实现优势互补，从而提高整体竞争力。

（2）合作共赢和风险分担

生态共建模式鼓励合作伙伴之间的合作共赢和风险分担。合作伙伴共同承担业务风险，分享合作成果，共同分享业务收益，从而激励各方共同努力，实现共同发展。

（3）长期合作和共同发展

生态共建模式强调长期合作和共同发展。企业与合作伙伴之间建立长期稳定的合作关系，共同规划发展战略和目标，共同推动产业发展和升级。

2. 生态共建模式的优势和局限性

（1）优势

生态共建模式的最大优势在于能够实现资源整合和优势互补。企业与合作伙伴之间共享资源和信息，实现资源的最优配置，提高整体竞争力。此外，生态共建模式也有助于降低企业的成本和风险，通过合作共赢，实现共同发展。

（2）局限性

生态共建模式也存在一些局限性。首先，建立稳定的合作关系需要较长时间，可能面临合作伙伴的变更和调整，导致合作关系的不稳定；其次，合作伙伴之间可能存在利益分配和风险分担的问题，需要建立合理的合作机制和合作协议。

3. 如何实施生态共建模式

（1）确定合作伙伴和合作领域

企业在实施生态共建模式时，需要明确合作伙伴和合作领域。企业应寻找与自身业务相关的合作伙伴，共同构建产业生态系统。合作伙伴之间应具备优势互补的特点，能够实现资源共享和合作共赢。

（2）建立合作机制和协议

在生态共建模式下，合作伙伴之间需要建立稳定的合作机制和合作协议。合作机制应明确各方的权利和义务；合作协议应规定合作的具体内容和细节，以确保合作的顺利进行。

（3）加强信息共享和沟通协作

生态共建模式强调信息共享和沟通协作。企业应加强与合作伙伴之间的信息交流和沟通，共享市场信息、技术信息和业务信息，以促进合作伙伴之间的合作效率和效果。

（4）实施风险管理和绩效评估

在实施生态共建模式时，企业应加强风险管理和绩效评估。合作伙伴之间应共同面对业务风险，并建立风险管理机制。同时，企业应定期评估合作的绩效和成果，及时调整合作策略和措施。

（三）灵活组织模式

灵活组织模式是指企业建立灵活的组织结构和管理制度，以适应市场变化和业务需求。这种模式强调组织的敏捷性和反应速度，企业需要快速调整和变革，不断适应新的挑战和发现新的机遇。

1.灵活组织模式的内涵和特征

灵活组织模式是一种现代企业经营管理的重要方式，它强调企业建立灵活的组织结构和管理制度，以适应市场变化和业务需求。灵活组织模式的核心是组织的敏捷性和反应速度，企业需要具备快速调整和变革的能力，不断适应新的挑战和机遇。灵活组织模式具有以下特征：扁平化组织结构、弹性工作机制、创新驱动和快速决策。

（1）扁平化组织结构

灵活组织模式强调扁平化组织结构，减少层级和冗余，加快决策和执行速度。扁平化的组织结构能够促进信息流通和沟通，提高组织的敏捷性和灵活性。

（2）弹性工作机制

灵活组织模式鼓励弹性工作机制，包括弹性工作时间、远程办公等。企业允许员工根据工作需求和个人情况调整工作时间和地点，提高员工的工作满意度和生产效率。

（3）创新驱动

灵活组织模式鼓励创新和创造力，鼓励员工提出新想法和解决方案。企业建立创新文化和创新机制，为员工提供创新平台和资源支持，推动组织持续创新和发展。

（4）快速决策

灵活组织模式要求企业能够做出快速决策，快速响应市场变化和客户需求。企业建立高效的决策机制和决策流程，减少决策的层级和复杂度，提高决策的灵活性和准确性。

2.灵活组织模式的优势和局限性

（1）优势

灵活组织模式的最大优势在于能够快速适应市场变化和业务需求。扁平化的组织结构和弹性工作机制能够提高组织的敏捷性和反应速度，使企业能够更快地做出决策和调整，抓住市场机遇。此外，创新驱动和快速决策也有助于企业保持竞争优势和持续创新。

（2）局限性

灵活组织模式也存在一些局限性。首先，过度追求灵活性可能导致组织的不稳定和混乱，需要在灵活性和稳定性之间找到平衡点；其次，灵活组织模式对组织管理和员工素质提出了更高要求，需要培养具备快速学习和适应能力的员工，建立高效的沟通和协作机制。

3.如何实施灵活组织模式

（1）确定组织变革的目标和方向

企业在实施灵活组织模式时，需要明确组织变革的目标和方向。企业应清楚自身的发展战略和业务需求，确定灵活组织模式的具体实施方案。

（2）改革组织结构和管理制度

实施灵活组织模式需要改革组织结构和管理制度。企业可以优化组织层级，减少冗余，建立扁平化的组织结构。同时，企业还应建立灵活的工作机制，鼓励弹性工作时间和远程办公。

（3）建立创新文化和机制

灵活组织模式需要建立创新文化和机制，鼓励员工提出新想法和解决方案。企业可以设立创新奖励制度，建立创新团队和创新项目，为员工提供创新平台和资源支持。

（4）提高决策效率和准确性

实施灵活组织模式需要提高决策效率和准确性。企业可以优化决策流程，减少层级，加强信息共享和沟通，提高决策的灵活性和敏捷性。

（四）数据驱动模式

数据驱动模式是指企业通过收集和分析大数据，进行智能决策和业务优化。这种模式注重数据分析和人工智能的应用，企业需要建立强大的数据平台和分析团队，将数据转化为商业价值。

1. 数据驱动模式的内涵和特征

数据驱动模式是一种现代企业经营管理的重要方式，它强调企业通过收集和分析大数据，进行智能决策和业务优化。数据驱动模式的核心思想是利用数据为企业的经营和决策提供支持和指导。数据驱动模式具有以下特征：数据收集与分析、人工智能的应用、智能决策和业务优化。

（1）数据收集与分析

数据驱动模式强调企业收集和分析大量的数据。企业通过各种渠道收集包括市场数据、用户数据、销售数据、运营数据等的信息，然后通过数据分析和挖掘技术，提取有价值的信息和洞察信息的本质，为企业提供决策依据。

（2）人工智能的应用

数据驱动模式鼓励企业应用人工智能技术进行数据分析和提供决策支持。人工智能技术包括机器学习、深度学习、自然语言处理等，能够帮助企业自动识别模式、预测趋势、优化决策，提高决策的准确性和效率。

（3）智能决策

数据驱动模式强调智能决策，即通过数据分析和人工智能技术辅助决策。企业利用数据提供的信息和对信息本质的洞察，做出更科学、更准确的决策，降低决策的风险和不确定性。

（4）业务优化

数据驱动模式也注重业务优化，即通过数据分析和决策支持，优化企业的运营和业务流程，提高资源利用效率，降低成本，提升企业的竞争力。

2. 数据驱动模式的优势和局限性

（1）优势

数据驱动模式的最大优势在于能够帮助企业做出更科学、更准确的决策。通过数据收集和分析，企业能够获取更全面、更客观的信息并洞察信息的本质，辅助决策者做出明智的决策。同时，人工智能技术的应用也提高了决策的智能化和效率，有助于优化企业的业务流程和运营策略。

（2）局限性

数据驱动模式也存在一些局限性。首先，企业需要建立强大的数据平台和分析团队，投入大量资源和成本；其次，数据驱动模式依赖于数据的质量和准确性，如果数据出现问题，可能导致决策的偏差和错误。

3. 如何实施数据驱动模式

（1）建立数据收集和管理体系

实施数据驱动模式需要建立完善的数据收集和管理体系。企业应明确数据收集的目标和需求，选择合适的数据来源和采集方式。同时，企业还需要建立数据的质量监控机制，确保数据的准确性和完整性。

（2）投资人工智能技术和数据分析工具

实施数据驱动模式需要投资人工智能技术和数据分析工具。企业应引入先进的人工智能技术，如机器学习和深度学习，提高数据分析和决策的智能化水平。同时，企业还需要选择适合自身业务需求的数据分析工具，提高数据分析的效率和准确性。

（3）加强数据应用和决策支持

实施数据驱动模式需要加强数据应用和决策支持。企业应培养决策者的数据意识和数据思维，鼓励决策者将数据应用到决策过程中。同时，企业还应建立决策支持系统，为决策者提供及时准确的数据支持和决策分析。

三、现代企业经营管理中存在的主要问题

（一）信息安全与隐私保护问题

在数字化企业模式下，企业需要大量收集和处理客户数据和商业信息，这使得企业面临信息安全和隐私保护的挑战。泄露客户数据或商业机密可能导致企业声誉受损和法律责任，因此企业需要加强信息安全管理，建立完善的数据保护机制。

（二）技术更新与转型难题

随着科技的不断发展，企业需要不断更新和转型，以适应新的技术和市场发展趋势。然而，技术更新和转型往往需要大量的资源和投入，同时也可能面临组织文化和员工能力的转型问题。企业需要在技术创新和转型中找到平衡，确保技术更新能够带来实质性的竞争优势。

（三）组织管理与员工激励难题

在灵活组织模式下，企业需要建立灵活高效的组织管理机制。然而，灵活性与规范性之间需要找到平衡，避免组织混乱和目标冲突。此外，如何激励员工在灵活组织中发挥创造力和积极性也是一个挑战。企业需要建立有效的激励机制，激发员工的动力和创新潜力。

（四）竞争压力与市场变化

现代企业面临激烈的竞争压力和快速变化的市场环境。全球化和数字化的发展使得市场竞争更加激烈，企业需要不断提高自身的竞争力，寻找差异化竞争优势。同时，市场需求的不断变化也要求企业能够灵活调整产品和服务，及时适应市场变化。

（五）人才招聘与培养难题

随着经济全球化和技术发展，现代企业对人才的需求更加多样化和专业化。然而，人才招聘和培养往往面临供需不平衡和人才稀缺的问题。企业需要积极拓展人才渠道，建立有效的招聘和培训体系，吸引和留住优秀的人才。

企业需要根据自身特点和市场需求选择合适的经营模式，并结合市场导向模式、生态共建

模式、灵活组织模式和数据驱动模式等选择恰当的管理方式。在选择适当的管理方式时，企业还需关注现代企业经营管理中存在的主要问题，包括信息安全与隐私保护、技术更新与转型难题、组织管理与员工激励难题、竞争压力与市场变化以及人才招聘与培养难题。

第五节　我国现代企业制度的建立

现代企业制度是指以完善的企业法人制度为基础，以有限责任制度为保证，以公司企业为主要形式，以产权清晰、权责明确、政企分开、管理科学为条件的新型企业制度。其主要内容包括：企业法人制度、企业自负盈亏制度、出资者有限责任制度、科学的领导体制与组织管理制度。

一、现代企业制度的特点

（一）法人独立性

现代企业制度强调企业的法人独立性，企业作为法人主体，具有独立的法律地位和责任。企业作为法人独立存在，具有独立的财产权利和行为能力，可以独立承担民事责任，为企业的经营活动提供了法律保障。

（二）所有权与经营权分离

现代企业制度明确了所有权与经营权的分离。所有权属于企业的股东或股东会，而经营权由企业的管理层行使。这种分离可以促使企业的经营决策更加专业化和科学化，提高企业的经营效率和竞争力。

（三）资本的社会化

现代企业制度强调资本的社会化。企业通过股份制度或其他形式，吸收社会资本、参与企业的投资和经营。资本的社会化使得企业能够获得更多的投资资源，推动企业的扩大和发展。

（四）管理的专业化

现代企业制度要求企业的管理专业化。企业的经营和管理需要专业的管理人才，进行科学的决策和运营。管理的专业化可以提高企业的管理水平和效率，增强企业的竞争力。

二、现代企业制度基本内容

（一）公司组织形式

现代企业制度主要包括公司组织形式，即以公司为主要法人形式的企业制度。公司是现代企业制度的主要组织形式，包括股份有限公司、有限责任公司等不同类型，企业通过设立公司形成法人独立性，实现股东的资本投入与经营管理的分离。

（二）股份制度

现代企业制度强调股份制度，即通过发行股份的方式吸收社会资本、参与企业的投资。股份制度允许企业的所有权广泛分散，使得更多的投资者可以成为企业的股东，共享企业的经营利益。同时，股份制度也提供了市场化的股权交易平台，增强了企业的融资能力。

（三）公司治理机制

现代企业制度强调健全公司治理机制。公司治理机制是指通过股东大会、董事会和监事会等机构，对企业的经营和管理进行监督和决策。公司治理机制强调信息披露、权力制衡和监督机制的建立，保护股东利益，提高企业的透明度和治理效率。

（四）资本市场

现代企业制度需要健全资本市场，为企业提供融资和投资的平台。资本市场包括证券交易所、证券公司、投资基金等，为企业的股权融资和债务融资提供了便利和支持。

第二章 现代企业工商管理的理论知识

第一节 现代企业管理概述

一、现代企业管理思想的演变

在 19 世纪和 20 世纪之交，企业管理首次成为一门正式的学科。管理专业化从此掀开了一个新的篇章，随之而来涌现出了一批又一批的管理思想家和管理理论学说，还有些管理思想是对前期管理思想缺陷的直接改进和提高。不过，所有管理思想都试图解释当时所面临的具体管理问题，并为将来解决这些问题提供方法。

（一）科学管理

1. 科学管理的起源

科学管理是现代企业管理思想的重要起点，它的发展可以追溯到 20 世纪初的美国。弗雷德里克·泰勒被誉为科学管理的奠基人，他在《科学管理原理》一书中提出了科学管理的理论体系。泰勒认为可以通过科学的方法，分析工作过程和流程，找到最优的工作方法，提高劳动生产率，实现企业效益的最大化。

2. 科学管理的特点

科学管理强调实证主义的管理方法，通过实验和观察，找到最佳的管理方式。它强调精确计量和标准化，注重绩效评估和激励机制。科学管理将工人视为机器的一部分，追求劳动效率的最大化，但忽视了员工的主观能动性和情感需求。

3. 科学管理的影响

科学管理对企业管理产生了深远的影响。它倡导了工作的分工和专业化，促进了生产效率的提高。科学管理的观念也为后来的管理思想奠定了基础，如目标管理、质量管理等。

（二）目标管理

1. 目标管理的起源

目标管理是现代企业管理思想的重要发展阶段，它强调明确设定组织的目标，并通过分解和落实，将目标传导至各级部门和个人。彼得·德鲁克是目标管理的倡导者之一，他在《管理的实践》一书中提出了管理目标的概念。

2. 目标管理的特点

目标管理强调目标的可衡量性和可实现性，要求目标具体、明确、可操作。它通过设定目标和绩效指标，对组织和个人的绩效进行评估和激励。目标管理注重对员工的激励，使员工通过实现目标获得成就感和满足感。

3. 目标管理的影响

目标管理在企业管理中得到广泛应用，它促进了组织目标的一致性和协调性，增强了组织的执行力和竞争力。目标管理也为企业的战略规划和绩效管理提供了重要的方法和手段。

（三）人本管理

1. 人本管理的起源

人本管理是现代企业管理思想的重要发展方向，它强调将人放在企业管理的核心位置，关注员工的需求和福祉。人本管理的思想根源可以追溯到人类关系学派的兴起，如马斯洛的需求层次理论和麦格雷戈的 XY 理论。

2. 人本管理的特点

人本管理强调关爱员工、尊重员工的人格和价值，它注重员工的参与和沟通，鼓励员工的创新和发展。人本管理强调组织文化的营造，创造积极向上的工作氛围，提高员工的工作满意度和忠诚度。

3. 人本管理的影响

人本管理在企业管理中得到越来越多的重视，它帮助企业树立员工至上的理念，营造良好的员工关系，提高员工的归属感和责任感。人本管理也促进了企业的创新和发展，增强了企业的竞争力。

（四）质量管理

1. 质量管理的起源

质量管理是现代企业管理思想的重要内容，它强调产品和服务的质量和客户满意度。质量管理的起源可以追溯到日本的质量革命，特别是战后日本企业质量提升的成功经验。

2. 质量管理的特点

质量管理强调从源头抓质量，注重预防性管理。它通过质量控制、质量改进和质量保证等手段，提高产品和服务的质量。质量管理还强调客户导向，要求企业关注客户需求和满意度。

3. 质量管理的影响

质量管理在全球范围内得到推广和应用，它提高了产品的质量和服务的水平，增强了企业的市场竞争力。质量管理也为企业建立品牌形象和口碑提供了有力支持。

（五）授权管理

1. 授权管理的起源

授权管理是现代企业管理思想的重要方向，它强调给予员工更多的自主权和决策权，鼓励员工主动承担责任。授权管理的理论根源可以追溯到道格拉斯·麦格雷戈的 XY 理论和亚当斯的公平理论。

2. 授权管理的特点

授权管理强调领导者将部分权力和决策权下放给员工，让员工在一定范围内自主决策和行动。授权管理鼓励员工发挥创造力和创新精神，提高工作效率和工作满意度。授权管理也体现了对员工的信任和尊重，能够激发员工的积极性和责任感。

3.授权管理的影响

授权管理在现代企业中得到广泛应用，发它促进了组织的灵活性和反应速度，提高了决策的效率和准确性。授权管理也能够帮助企业吸引和留住人才，提高员工的工作动力和忠诚度。

（六）品牌管理

1.品牌管理的起源

品牌管理是现代企业管理思想的重要内容，它强调企业的品牌价值和品牌形象。品牌管理的起源可以追溯到20世纪初的美国，随着商品经济的发展，品牌成为企业竞争的重要手段。

2.品牌管理的特点

品牌管理强调企业的品牌定位、品牌传播和品牌维护，它要求企业建立独特的品牌形象，树立良好的品牌信誉。品牌管理还注重消费者体验和情感营销，提高品牌的吸引力和认知度。

3.品牌管理的影响

品牌管理在现代企业中具有重要意义，它增强了企业的市场竞争力和产品差异化优势。品牌管理也帮助企业提高产品的附加值和利润率，增加企业的市场份额和忠诚度。

（七）规范管理

1.规范管理的起源

规范管理是现代企业管理思想的重要内容，它强调企业的规章制度和管理规范。规范管理的起源可以追溯到企业管理的初期，随着企业规模的扩大和管理的复杂化，规范管理逐渐成为企业管理的基本要求。

2.规范管理的特点

规范管理强调企业的组织纪律和行为规范，要求员工遵守企业的规章制度。规范管理还注重内部控制和风险管理，防范和化解各种潜在的风险。

3.规范管理的影响

规范管理在企业管理中起到了基础性作用，它提高了企业的管理效率和执行力，增强了企业的内部协调性和稳定性。规范管理也为企业的可持续发展提供了重要保障。

（八）创新管理

1.创新管理的起源

创新管理是现代企业管理思想的重要方向，它强调企业不断创新和变革，寻找新的发展机遇。创新管理的理论根源可以追溯到斯基纳的创新理论和德鲁克的创新管理思想。

2.创新管理的特点

创新管理强调企业的创新意识和创新文化，鼓励员工勇于尝试和创造。创新管理注重技术创新和业务创新，推动企业不断发展和壮大。创新管理还强调开放创新和合作创新，引入外部资源和智慧，促进创新能力的提升。

3.创新管理的影响

创新管理在企业发展中具有决定性的作用，它促进了企业的持续竞争优势的保持和核心能力的提升。创新管理也帮助企业及时应对市场变化和挑战，实现可持续发展。

（九）企业文化

1. 企业文化的起源

企业文化是现代企业管理思想的重要内容，它强调企业的价值观和行为准则。企业文化的起源可以追溯到企业管理的初期，随着企业规模的扩大和组织文化意识的增强，企业文化逐渐成为企业管理的重要方面。

2. 企业文化的特点

企业文化强调企业的价值理念和组织文化，塑造企业的精神氛围。企业文化还注重员工的认同感和归属感，增强员工的凝聚力和忠诚度。企业文化也是企业的软实力和竞争优势之一。

3. 企业文化的影响

企业文化在企业管理中起到了重要的引导作用，它影响企业的员工招聘和培训，推动企业的组织发展和战略实施。

（十）学习型组织

1. 学习型组织的起源

学习型组织是现代企业管理思想的重要内容，它强调企业不断学习和创新，不断提高员工的知识和技能。学习型组织的理论根源可以追溯到彼得·圣吉的学习型组织理论和阿尔弗雷德·劳特的学习型公司概念。

2. 学习型组织的特点

学习型组织强调学习和知识的积累，注重员工的学习和发展。学习型组织鼓励员工分享知识和经验，建立学习型的组织文化。学习型组织还重视学习的应用和转化，将学到的知识和技能应用到实际工作中，提高工作绩效和创新能力。

3. 学习型组织的影响

学习型组织在现代企业中得到广泛应用，它提高了企业的学习能力和适应能力，增强了企业的竞争力和创新力。学习型组织也帮助企业吸引和留住人才，提高员工的学习动力和忠诚度。

（十一）流程再造管理

1. 流程再造管理的起源

流程再造管理是现代企业管理思想的重要内容，它强调对企业的业务流程进行重新设计和优化，提高工作效率和降低成本。流程再造管理的起源可以追溯到 20 世纪 80 年代的美国，由迈克尔·哈默和詹姆斯·钱皮提出。

2. 流程再造管理的特点

流程再造管理强调从根本上重新设计企业的业务流程，打破原有的管理体系和工作模式。它注重企业的横向整合和纵向优化，优化业务流程，减少冗余环节。流程再造管理还强调信息技术的应用，提高流程的自动化和智能化水平。

3. 流程再造管理的影响

流程再造管理在企业管理中起到了革命性的作用，它推动了企业的业务流程优化和效率提升，提高了企业的生产力和竞争力。流程再造管理也帮助企业实现了从传统管理到现代管理的转型。

现代企业管理思想的演变是一个不断发展和丰富的过程。从科学管理到目标管理、人本管理、质量管理、授权管理、品牌管理、规范管理、创新管理、企业文化管理、学习型组织管理、流程再造管理，每个阶段都体现了对企业管理的不断探索和创新。这些管理思想相互交织、相互影响，共同推动了企业的发展和进步。

二、现代企业管理的职能

管理是人类的一项实践活动，由人类活动的特点决定的，人类的各种社会活动必定都具有管理职能。如果没有管理，一切生产、交换、分配活动都不可能正常进行，社会劳动过程就会发生混乱和中断，社会文明就不能向前发展。可见，管理是人类社会活动的客观需要，是为了达到预期目的而进行的社会劳动过程中不可或缺的一种特殊职能。

（一）企业管理职能的概述

1.管理职能的定义

企业管理职能是指企业为实现既定目标，通过规划、组织、领导、控制等一系列管理活动，协调和整合各种资源，使其协同运作，达到最优效果的过程。管理职能是企业管理过程中不可或缺的要素，涵盖了多个层面和维度。

2.管理职能的重要性

管理职能对于企业的成功和持续发展至关重要。通过科学有效的管理职能，企业能够合理规划资源，优化组织结构，实现战略目标。管理职能还有助于提高企业的竞争力和适应性，以应对复杂多变的市场环境和竞争压力。

3.现代企业管理职能的特点

随着社会经济的发展和科技进步，现代企业管理职能呈现出一些特点。首先，管理职能呈现出网络化、信息化的特征，信息技术对管理决策产生重要影响；其次，管理职能强调创新和变革，需要适应不断变化的市场和需求；再次，管理职能强调全球视野和跨文化管理，企业面临着国际化和全球化的挑战。

（二）现代企业管理职能理论层面

1.战略管理

战略管理是现代企业管理职能的核心理论之一。它强调企业通过分析内外部环境，明确长期目标和发展方向，制订战略计划，并有效地实施和监控。战略管理帮助企业在竞争激烈的市场中找到差异化竞争优势，实现可持续发展。

2.组织管理

组织管理是现代企业管理职能的重要理论基础。它涉及企业的组织结构、分工与协作、权责与职权等方面。组织管理强调合理的组织结构和流程，优化企业运作效率和资源配置，提高决策效能。

3.人力资源管理

人力资源管理是现代企业管理职能中的重要组成部分。它涉及员工的招聘、培训、激励、绩效评估等方面。人力资源管理强调激发员工的积极性和创造力，提高员工的专业素养和综合能力，构建有竞争力的人力资源队伍。

4. 营销管理

营销管理是现代企业管理职能的重要内容。它涉及市场调研、产品定位、渠道管理、品牌建设等方面。营销管理强调客户导向和市场导向，满足客户需求，提高产品竞争力。

5. 财务管理

财务管理是现代企业管理职能的基础性理论。它涉及企业的资金筹措、投资决策、成本控制、财务分析等方面。财务管理强调科学的财务规划和资金管理，保障企业的资金稳健和健康发展。

（三）现代企业管理职能实践层面

1. 知识管理

知识管理是现代企业管理职能的实践层面之一。它强调企业对知识的获取、创造、传递和应用。知识管理帮助企业有效地利用和积累知识资产，提高企业的学习能力和创新能力。

2. 项目管理

项目管理是现代企业管理职能的实践领域之一。它强调企业对项目的规划、组织、执行和监控。项目管理帮助企业有效地完成特定目标和任务，提高项目的执行效率和质量。

3. 制度建设

制度建设是现代企业管理职能的实践层面之一。它强调企业对内部规章制度和管理流程的建立和完善。制度建设帮助企业规范内部行为，提高决策的科学性和规范性。

4. 创新实践

创新实践是现代企业管理职能的重要组成部分。它强调企业对创新机制和创新文化的营造，鼓励员工的创新行为和思维。创新实践帮助企业不断推陈出新，保持竞争优势。

5. 变革管理

变革管理是现代企业管理职能的实践层面之一。它强调企业在面对变革时的有效应对和管理。变革管理帮助企业有效地规划，同时在实施变革过程中，降低变革风险，确保变革顺利进行并取得预期成果。

6. 环境管理

环境管理是现代企业管理职能的实践领域之一。它涉及企业对内外部环境的监测、评估和适应。环境管理帮助企业合理应对各种环境挑战，保护环境和促进企业的可持续发展。

7. 质量管理

质量管理是现代企业管理职能的重要组成部分。它强调企业对产品和服务质量的控制和提升。质量管理帮助企业确保产品和服务符合标准和客户要求，提高客户满意度。

8. 品牌管理

品牌管理是现代企业管理职能的实践层面之一。它涉及企业对品牌价值和形象的塑造和传播。品牌管理帮助企业建立强大的品牌影响力，增强市场竞争力和客户忠诚度。

9. 社会责任管理

社会责任管理是现代企业管理职能的实践领域之一。它强调企业对社会和环境的责任和义务。社会责任管理帮助企业履行社会责任，赢得社会尊重和支持。

现代企业管理职能是企业成功发展和持续竞争的重要保障。在理论层面，战略管理、组织管理、人力资源管理、营销管理、财务管理等理论为企业提供了指导和支持。在实践层面，知识管理、项目管理、创新实践、变革管理等实践领域帮助企业将理论转化为切实可行的行动计划。通过科学有效地运用现代企业管理职能，企业可以更好地适应市场和环境的变化，实现自身的快速发展和可持续发展。因此，现代企业管理职能不仅具有专业性，更具有重要的学术价值，它是企业管理领域不断探索和创新的重要方向。

第二节　企业管理的基本原理与方法

企业管理的基本原理是人们在长期的企业管理实践中总结出来的，具有普遍意义的管理工作的基本规律。它是对企业管理工作客观必然性的揭示，对企业管理者的管理活动具有指导性和规范性。企业管理者如果违背了管理原理，就会受到客观规律的惩罚，就要承受严重的损失。

一、系统原理

企业管理的系统原理是系统论在企业管理中的应用。掌握这一原理，首先应了解一般系统的概念，掌握系统论的基本观点和思想方法，然后将它们应用于企业管理之中。

（一）一般系统的概念

1. 系统的定义与特征

系统是由一组相互关联的部分组成的整体，这些部分通过相互作用和协作来实现共同的目标。系统具有以下几个特征：

（1）整体性：系统是一个整体，其性质和行为由各个部分之间的相互关系所决定。

（2）相互关联：系统中的各个部分相互之间存在着关联和相互作用，一个部分的变化会影响其他部分。

（3）目标导向：系统的存在是为了实现特定的目标或功能，所有部分的协作都是为了实现这个目标。

（4）开放性：系统与环境之间存在着交换和互动，系统可以接受来自环境的输入并向环境输出产出物。

（5）层级结构：系统可以被分解为多个子系统，每个子系统又可以进一步分解为更小的部分。

2. 系统的分类

根据系统的特点和应用范围，系统可以分为以下几类：

（1）自然系统：自然界中存在的系统，如生态系统、气候系统等。

（2）人工系统：人类根据特定目标和需求构建的系统，如工程系统、交通系统等。

（3）开放系统：与环境进行交互和能量交换的系统，如企业就是一个典型的开放系统。

（4）封闭系统：与环境没有交互的系统，内部没有能量和物质的交换。

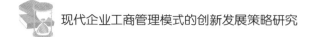

（5）复杂系统：由大量相互关联的部分组成，呈现出复杂的结构和行为的系统，如社会系统、经济系统等。

（二）系统论的基本观点

1. 系统论的起源与发展

系统论是 20 世纪中叶发展起来的一门综合性学科，它是多学科交叉融合的产物，涵盖了数学、物理学、生物学、工程学等多个学科的知识。系统论的起源可以追溯到二战期间，当时军事、工程等领域面临复杂的问题，传统的分析方法已经无法解决这些问题。于是科学家们开始研究如何将系统中的各个部分看作一个整体，并通过系统的相互关系来理解和解决问题。

2. 系统论的基本观点

系统论提出了一些基本观点，这些观点对于理解和应用现代企业系统原理具有重要意义：

（1）整体性原理：系统是一个整体，要全面、系统地考虑问题，不仅要关注局部，还要考虑整体的相互作用和影响。

（2）协同性原理：系统中的各个部分相互之间存在着协同和合作关系，只有通过协同作用，系统才能发挥出最优的效能。

（3）目标导向原理：系统存在的目的是为了实现特定的目标或功能，所有的部分和活动都应该与这个目标保持一致。

（4）开放性原理：系统与外部环境之间存在着交换和互动，系统需要不断从环境中获取信息和能量，以维持其稳定和发展。

（5）层级性原理：系统可以分解为多个层次的子系统，每个子系统又可以进一步分解为更小的部分，形成层级结构。

3. 系统论在现代企业管理中的应用

系统论在现代企业管理中得到了广泛的应用。首先，企业被视为一个系统，管理者需要从整体角度去思考和把握企业的运营和发展。其次，系统论的协同性原理强调各个部分之间的协作和协同，企业需要建立有效的组织结构和沟通机制，以确保各个部分能够协调合作。再次，目标导向原则要求企业确立明确的发展目标和战略，所有的管理活动和决策都应该服务于实现这个目标。最后，开放性原理强调企业与外部环境的互动和适应，企业需要及时获取来自市场、客户和竞争对手的信息，并做出相应的调整和决策。

现代企业作为复杂的开放系统，系统原理为企业的管理提供了重要的理论基础。系统论强调从整体角度去看待和把握企业的运营和发展，同时注重各个部分之间的协作和协调。通过运用系统论的基本观点，企业可以更好地理解和应对复杂多变的市场环境和经营问题，实现企业的可持续发展并获得成功。

二、信息沟通原理

（一）信息与数据

1. 信息的定义与特征

信息是一种传递和共享知识、经验和观点的载体，可以是文字、图像、声音等形式。信息具有以下特征：

（1）价值性：信息必须对接收者具有一定的价值，能够满足其需求或帮助其做出决策。

（2）准确性：信息应当是准确的、真实的，不能包含虚假或误导性的内容。

（3）时效性：信息应当及时传递，以保持其有效性和适用性。

（4）完整性：信息应当包含足够的细节和内容，以满足接收者的需求。

2. 数据与信息的区别

数据和信息是紧密相关的概念，但在信息沟通中有着不同的含义。数据是未经处理和组织的原始事实和数字，它本身没有意义，需要经过处理和解释才能转化为信息。信息是由数据经过处理、组织和加工而形成的，具有一定的意义和价值，能够传达一定的知识和内容。

（二）管理信息的特征

1. 决策支持

管理信息主要用于支持企业管理者的决策。通过收集、分析和呈现相关数据和信息，管理者可以更好地了解企业的运营状况、市场动态和竞争环境，从而做出科学合理的决策。

2. 及时性

管理信息需要具有及时性，及时提供最新的数据和信息，以便管理者能够做出迅速的反应和调整。

3. 精确性

管理信息应当具有高度的准确性和可靠性，避免出现误导性的信息，保证决策的正确性。

4. 客观性

管理信息应当客观、中立，不受主观因素的影响，确保决策的客观性和公正性。

5. 保密性

某些管理信息可能涉及企业的商业秘密和竞争优势，因此需要保障信息的保密性，防止信息泄露和滥用。

（三）信息沟通效率及其影响因素

1. 信息沟通效率的概念

信息沟通效率是指信息在传递过程中所消耗的时间和资源的多少，是信息传递的速度和效果的综合评价。高效的信息沟通能够快速准确地将信息传递给接收者，并使接收者理解和应用这些信息。

2. 影响信息沟通效率的因素

信息沟通效率受到多种因素的影响，其中包括：

（1）沟通渠道：不同的沟通渠道对信息的传递速度和效果有影响，如口头沟通、书面沟通、电子沟通等。

（2）信息的准确性和完整性：信息本身的准确性和完整性决定了接收者是否能够正确理解信息的内容和意义。

（3）沟通技巧：沟通者的表达能力和沟通技巧会影响信息的传递和接收效果。

（4）接收者的理解能力和接受态度：接收者的知识水平、经验背景和态度会影响对信息的理解和接受程度。

（四）信息沟通的方式

1. 口头沟通

口头沟通是最常见也是最直接的沟通方式，通过口头语言交流信息。这种沟通方式具有实时性和互动性，可以快速传递信息，并且可以及时解答问题和澄清疑惑。口头沟通常用于会议、电话交谈、面对面交流等场景。

2. 书面沟通

书面沟通是通过文字、图表、报告等书面形式交流信息。这种沟通方式具有持久性和可追溯性，可以方便地记录和传递复杂的信息。书面沟通通常用于报告、备忘录、邮件等场景。

3. 电子沟通

电子沟通是通过电子设备和网络传递信息，如电子邮件、即时通信、社交媒体等。这种沟通方式具有快速、便捷和广泛覆盖的特点，可以实现跨地域和跨时区的信息传递。

4. 可视化沟通

可视化沟通是通过图像、图表、视频等视觉形式传递信息。这种沟通方式能够直观地展示数据和信息，提高信息的理解和记忆效果。可视化沟通通常用于数据报告、演示、宣传等场景。

5. 社交沟通

社交沟通是通过社交活动和交际圈传递信息。这种沟通方式强调人际关系和情感交流，可以帮助建立信任和合作关系。社交沟通通常用于商务拜访、社交聚会等场景。

（五）信息沟通的障碍及解决方法

1. 语言障碍

不同人使用的语言和词汇可能存在差异，会造成信息理解的障碍。解决方法包括使用简洁明了的语言，避免使用行业术语和复杂的词汇，确保信息易于理解。

2. 信息过载

现代企业面临大量的信息，有时接收者会因信息过多而无法快速处理和理解。解决方法包括筛选和过滤信息，提供重要和关键信息，避免信息冗余。

3. 文化差异

不同文化背景和价值观可能导致信息理解的偏差。解决方法包括尊重和理解不同文化，采用跨文化沟通策略，避免文化冲突。

4. 信息失真

信息在传递过程中可能会出现失真，导致信息的内容和意义被扭曲。解决方法包括保持信息的准确性和真实性，避免信息传递中的误解和错误。

5. 沟通噪音

沟通中的噪音，如环境噪音、技术问题等，可能干扰信息的传递和接收。解决方法包括改善沟通环境和条件，确保沟通的顺利进行。

现代企业信息沟通是企业管理和决策的重要环节，通过高效的信息沟通，企业可以实现信息的传递和共享，提高管理决策的科学性和准确性。信息与数据的合理处理、管理信息的特征、信息沟通效率及其影响因素、信息沟通的方式是实现高效信息沟通的关键要素。同时，企业应该注意信息沟通的障碍，采取相应的措施来解决这些问题。通过加强信息沟通的理论研究和实践应用，现代企业可以更好地利用信息资源，提高工作效率和竞争力，实现可持续发展。因此，现代企业信息沟通原理具有重要的学术价值和实践意义。

三、激励原理

激励原理是根据人的行为规律，通过强化人的动机，以调动人的积极性的一种理论。

（一）对人的认识

1. 人力资源的重要性

在现代企业管理中，人力资源被视为企业最重要的资源之一。人力资源是企业的核心竞争力所在，优秀的员工能够为企业创造更大的价值和利润。因此，对人的认识要从人力资源的重要性出发，将员工视为企业发展的关键因素。

2. 人的多样性

现代企业中，员工具有不同的背景、文化程度和价值观，拥有不同的技能和能力。对人的认识需要充分理解员工的多样性，尊重员工的个性和差异，以便更好地激励和发挥他们的潜力。

3. 自我实现需求

根据马斯洛的需求层次理论，人的需求可以分为生理需求、安全需求、社交需求、尊重需求和自我实现需求等层次。现代企业激励原理应当注重满足员工的自我实现需求，即员工对于个人能力和潜力的实现和发展的渴望。

（二）人的行为理论

1. 马克斯·韦伯的理性行为

马克斯·韦伯认为人的行为是理性和目的性的，员工在工作中追求自己的利益和目标。现代企业可以通过设立合理的激励机制，让员工认识到个人利益与企业利益的一致性，从而更加积极地投入工作。

2. 亚当·斯密的自利行为

亚当·斯密认为人的行为主要是出于自私和自利的动机，企业激励原理可以通过奖励和惩罚机制，使员工在追求个人利益的同时也为企业创造价值。

3. 弗雷德里克·赫茨伯格的双因素理论

赫茨伯格的双因素理论将激励因素分为满足因素和动机因素。满足因素包括薪酬、福利、工作条件等，能够满足员工的基本需求；动机因素包括成就、发展、责任等，能够激发员工的内在动机。现代企业应当综合考虑这两类因素，提供全面的激励措施。

（三）激励理论

1. 马斯洛的需求层次理论

马斯洛的需求层次理论将人的需求分为生理需求、安全需求、社交需求、尊重需求和自我实现需求。企业激励原理可以根据员工不同层次的需求，提供相应的激励措施，从满足基本需求到激发个人潜能。

2. 赫茨伯格的双因素理论

赫茨伯格认为激励因素可以分为满足因素和动机因素，企业应当注重提供有竞争力的薪酬和福利，同时也要重视员工的成就感、发展机会和认可程度，以激发员工的积极性和创造性。

3. 埃尔德弗的期望理论

埃尔德弗的期望理论认为员工的激励取决于他们对于绩效与奖励之间关系的期望。现代企业应当设定明确的目标和奖励体系，使员工认为努力付出能够获得公平和合理的回报。

4. 劳动契约理论

劳动契约理论强调员工与企业之间的互动和交换关系。企业激励原理应当建立健全劳动契约，让员工认为付出努力能够获得回报，从而增强员工的归属感和忠诚度。

5. 公平公正理论

公平公正理论认为员工对于激励的反应取决于他们对于奖励分配的公平感。现代企业应当确保激励机制公平合理，避免出现薪酬不公和待遇差异，以维护员工的满意度和稳定性。

现代企业激励原理是企业管理中至关重要的一环，通过深入认识员工的需求和行为理论，以及灵活运用各种激励理论，企业可以设计出有效的激励措施，提高员工的积极性和创造力，增强员工的忠诚度和归属感。因此，激励原理的研究和实践具有重要的学术价值和实践意义。

第三节　现代管理理论的形成与发展

一、现代管理理论发展的脉络

现代管理理论是在工业革命和经济发展的背景下逐步形成和发展起来的。其发展脉络可以分为以下几个阶段：

（一）科学管理阶段

科学管理是现代管理理论的起点，也称为泰勒主义。20世纪初，美国工程师弗雷德里克·泰勒提出了科学管理的概念，主张通过科学的方法来分析和改进工作流程，以提高劳动生产率。泰勒的工作重点是工作方法和工作效率的改进，他的理论奠定了现代管理理论的基础。

（二）行为科学阶段

行为科学理论强调人的行为和心理在组织中的作用。在20世纪中期，心理学家和社会学家开始关注组织中的人的行为和动机，提出了人际关系学派和行为科学理论。其中，马斯洛的需求层次理论、赫茨伯格的双因素理论等对现代管理理论的发展产生了深远的影响。

（三）现代组织理论阶段

现代组织理论强调组织的结构和运作方式。在20世纪后期，组织学家开始关注组织的设计和管理，提出了各种组织理论，如系统理论、博弈论、信息理论等。这些理论使得组织管理更加科学化和系统化。

（四）战略管理阶段

战略管理理论强调组织的长远发展和目标实现。随着全球化和市场竞争的加剧，战略管理成为现代企业管理的重要内容，管理学家提出了许多战略管理理论和方法，如波特的五力模型、SWOT 分析等，帮助企业有效应对外部环境变化。

二、现代企业管理的发展趋势

（一）强调企业发展战略研究

现代企业管理对企业的认识与过去有根本的不同。传统管理理论研究认为企业是一个封闭系统，现代企业管理理论则认为企业是一个开放系统，认为企业不能离开环境而独立生存，企业与其环境相互作用，企业成功的关键在于有效地利用企业资源，适应复杂多变的环境。企业外部环境是不可控制的因素，企业为了使自己的生产经营活动符合社会需要，就要对经营环境进行研究。

传统管理理论不重视战略研究，现代企业管理重点由单纯提高生产效率向适应经营环境变化转变，开始重视战略管理。战略管理的目标不在于维持企业的现状，而是要创造企业的未来。例如，日本企业经营的首要目标不是短期利润，他们重视如何扩大市场领域，如何增加市场份额，提高占有率。为此，企业经营目标是开辟新市场，开发新产品。对于公司管理人员工作绩效的评价也是看其市场份额的增长程度、新产品在产品系列中所占比重指标的完成程度。

（二）强调人本管理

过去传统企业管理重视"物"的作用，强调财力、物力资源，现代企业管理强调人本管理，重视"人"的因素。美国管理学者彼得斯认为，管理问题从根本上讲是人的问题，只有尊重每一个人，尊重每一个人的价值和贡献，才能充分发挥大家的积极性。企业要为职工提供从事创造性劳动和发展、提高自己的机会和条件。企业对职工承担的社会责任不仅是发给工资以维持其生存，还要实施训练以提高其技能。

现代企业管理从以单个人为中心向以人的集体为中心转化，增强群体意识，研究如何增强企业员工的凝聚力，重视软管理，实行自我管理与自我控制，使员工与企业融为一体，为企业整体发展贡献力量。为此，以塑造企业价值观为核心的企业文化成为 20 世纪 80 年代以来企业管理理论的新发展。

（三）强调系统化管理思想

现代企业管理强调系统化管理，表现在现代化管理企业的方法均强调系统化、全局化思想。实行系统化管理就是要把企业看作是一个由若干相互联系、相互作用而又有所分工的因素组成的处于运动状态的系统或整体。一个企业要想完成自己的任务和目标，不能仅仅个别地考虑其中几个环节或部门，而应同时注意各环节、各部门之间的关系，注意到整个企业与其所处环境之间的关系。与此相反，传统管理只着眼于局部，着眼于眼前，孤立地看问题和解决问题。如在处理专业管理与综合管理的关系上，往往重视专业职能管理部门的建设和作用，忽视综合职能管理部门的建设和作用。系统化管理还要求企业对经营各环节、各部门、各岗位进行全过程管理，改变只注重事后检查处理而忽视事先预防控制的传统观念和作用。

（四）企业管理组织结构趋向多元化、弹性化

企业间规模结构的差异越来越大和各个企业的发展方式的各不相同，使得企业组织结构趋向多元化，形式变得多种多样。企业组织结构基本类型可分为职能式、分权式、矩阵式、模拟分权式、系统式五种。大中型企业的组织结构一般都是若干种方式的混合体，如既是职能式，又是分权式或模拟分权式。现代企业管理组织结构趋向精干、职责明确，达到管理效率与管理幅度、管理层次协调比例的最优化。美国管理学家德鲁克认为能完成担负任务的最简单的组织结构就是最佳的结构。现代企业中还出现了许多弹性化非正式组织，如日本企业中盛行的质量管理小组、自主管理活动等。

随着电子计算机的普遍应用，企业自动化管理信息系统的建立，大大减少了企业最高管理者与基层管理者之间的管理层次，企业的传统金字塔型组织结构趋于扁平化，企业传统的直线式领导转向网络化管理。

（五）运用现代自然科学新成果和现代化技术手段

现代企业管理的一个突出趋势就是运用定量手段和信息技术研究企业管理和管理科学，特别是随着通信网络的发展与普及，改变着企业管理很多传统做法与思路。信息技术日新月异的发展，使信息网络的覆盖面日益扩大，形成了全球范围的网络。在这种背景下，企业要生存要发展，必须适应这种新的客观环境。未来企业的生存能力取决于它的应变能力，取决于它是否能跟上这种外界大环境变化的规模与变化的速度。

（六）现代企业管理趋向于以顾客满意程度为准绳

现代企业管理趋向于以顾客满意程度作为衡量经营管理成败的主要标志，提出了面向顾客的管理原则。随着产品的日益丰富，顾客选择的空间越来越大，如今商品日益向多样化、个性化发展，市场的主导权也由厂商转到了顾客手里，只有当企业的产品和服务得到社会承认，得到顾客承认，它才能在市场上有立足之地。因此千方百计使顾客对企业及其产品和服务满意，成为现代企业全部经营活动的出发点和归宿。

传统的西方管理学将"规模经济"理论奉为经典，认为在竞争中取胜的关键是先取得足够大的市场占有率，从而实现大规模、大批量生产，达到规模经济的效果。《赢得优势》一书主张进一步细分市场，区别各种顾客的不同需求，提供更多样化的、更有针对性、更独特的产品和服务，从而获得比较高的利润。

（七）强调民主化，重视员工的培训教育

现代企业强调管理的民主化，注意发挥员工在企业管理方面的积极性，吸收员工参与企业的部分决策、监督、检查和管理。利用各种形式和途径，使员工参与企业管理，如职工大会或职工代表大会，职工建议制度，初级董事会制度，目标管理制度等。使各级管理人员和职工有提出建议和意见的机会，增强员工自主管理、自我控制的意识。现代企业强调人力资源开发，重视员工培训教育，强调人才培养的重要性，开发人力资源正成为许多国家的重要国策与企业的首要战略。

在选派管理人员时，尤其是高层管理人员，除了要具有良好的敬业精神、技术知识和管理能力外，还必须思想灵活、不守成规，有较强的移情能力和应变能力；尊重、平等意识强、能

够包容不同意见，善于同各种不同文化背景的人友好合作；在可能的情况下，尽量选择那些在多文化环境中受过锻炼的人及懂得对方语言的人。在人力资源管理工作中充分考虑到文化因素。如对方国家权力距离指数较低，则应选派民主型、关怀型领导；反之，则选派权威型领导。如对方国家不确定性回避指数高，进入该国后首要的工作就是树立稳定、专业、规范的企业形象，并制定好各项规章制度；如对方国家不确定性回避指数低，则可以优先考虑市场机会等。

（八）强调管理人员深入基层

管理人员要深入基层，自由接触职工，在企业内部建立起广泛的、非正式的、公开的信息沟通网络。走动管理不仅能极大地提高管理效率，而且能极大地促进上下级之间、管理人员与职工之间的思想交流和感情联系，有利于促进企业的成功和发展。

所谓"前景管理"的方式在于它不是提出一些数据的具体目标，而是为企业全体员工树立一个既现实又崇高的理想和前景，并提出实现理想的明确办法。它要求管理人员的思想方法从根本上改变，其中首先就要承认一个企业最重要的资源乃是它的职工本身。前景管理方式的具体实施，一般经过"使命""前景""凝聚力""制度化"四个步骤。第一步是企业最高领导者拟定一项一致同意的使命，企业通过使命吸引职工树立行为准则；第二步是根据使命制定企业的未来目标即前景；第三步是企业前景一经制定，必须使职工产生认同感和凝聚力；实行前景管理的最后一步是使之制度化。其中，在任何时候，企业的前景都不能被遗忘或忽视。

（九）现代企业经营趋向多角化和国际化

现代企业特别是大型企业的多角化和国际化经营日益兴起，在多角化经营过程中，大企业把资本投入到越来越多的经营领域，有的新建大企业更以多角化经营为号召。多角化经营可以通过不同部门的经营提高企业的整体效益；可以保持企业经营的稳定性，减少经营的风险性；还可以兼并现成的企业，比投资建立新企业更便宜、风险更小、获利更快。企业国际化经营思想的崛起，成为当代经济发达国家企业经营的重要特征，也为发展中国家所重视。

（十）在现代企业管理中企业经营者的作用与素质更为突出

企业经营者是现代企业的灵魂，其品质、学识、能力、经验对企业的发展有至关重要的影响。如今，企业的兴衰成败与企业经营者本身素质的紧密关系更受到广大企业的认同。美国管理学家德鲁克即认为，企业的成败关键在于其领导核心——经理集团。凡是先进的企业都有一个共同点，即有一个高素质、能力强的企业经理集团。相反，企业落后的一个重要的原因则也在于领导不得力，缺乏能进行有效管理的领导层。随着未来市场环境的变化，竞争日趋激烈，科学技术发展突飞猛进，未来的企业管理要求经营者的素质和能力要达到更高的水平。未来的企业经营者由"硬专家"执行管理，转向由职业"软专家"领导，形成专家集团领导，企业由各种"智囊团""思想库"出谋划策、提供咨询。

（十一）识别文化差异、培养文化认同

理解不同文化对管理行为和实践的影响，对于进行跨文化管理的管理人员来说，十分重要。当跨国公司的管理人员到具有不同文化的东道国工作时，往往会遇到很多困难。特有文化的语言、价值观念、思维方式等因素在跨文化管理中会形成障碍，产生矛盾，从而影响跨国经

营战略的实施。理解文化差异是发展跨国文化管理能力的一个必要条件。理解文化差异有两层含义：一是理解东道国文化如何影响当地员工的行为；二是理解母国文化如何影响公司派去的管理人员的行为。不同类型文化差异可以采用不同的克服措施。管理风格、方法或技能的不同而产生的冲突可以通过互相传授和学习来克服，较容易改变；生活习惯和风险不同产生的冲突可以通过文化交流解决，但需要较长时间；人们基本价值观念的差异往往较难改变。把不同类型的文化差异区分开，就可以有针对性地提出解决文化冲突的办法。文化认同是文化选择的结果。

文化的选择和认同问题，实质上是如何对待外来文化的问题。文化认同的功能在于：第一，文化认同是文化群体中基本的价值取向；第二，文化认同是跨文化企业文化形成、存在和发展的凝聚力。文化认同是文化群体的黏合剂。一个民族一般而言是依托于一种文化的，但在人类社会中，由于多种因素的影响，一种文化现象却往往并不以一个民族为依托，而是跨民族的。如果这种文化现象同时地存在于不同的几个民族中，那么在这一点上几个不同的民族就具有一致的认同，具有相同的文化意识及归属感。由于共同的认可，可以把几个不同文化背景的民族在特定的条件及意义下结合起来，形成一个文化意义上的群体。如果把这一规律引申到跨文化企业，其意义也是相同的。培养文化认同需要跨国经营的管理人员发展跨文化沟通与跨文化理解的技能与技巧。不同文化背景的人彼此相处，必须建立跨文化沟通的机制。理解是促成沟通成功的重要条件。

理解包含两个方面的意义：第一，首先要清楚自己的文化。对自己的文化模式，包括其优缺点的演变的理解，都能促使文化关联态度的形成。这种文化的自我意识，使管理人员在跨文化交往中能够获得识别自己的文化教育和它文化之间存在的文化上的类同和差异的参照系；第二，基于"文化移情"对它文化的理解、尊重，要求人们不仅要摆脱文化的约束，从另一个不同的参照系反观原来的文化，而且要对它文化采取一种超然独立的立场，给予足够的重视和认识。在企业运行过程中，管理人员应充分考虑东道国的利益，更好地为东道国的消费者服务。

（十二）管理本土化，努力达到"双赢"

提高员工对不同文化的鉴别和适应能力，增强企业在不同国家文化环境中的适应能力，要求企业通过文化的识别、选择与认同，把带入企业的不同文化有效融合在一起。文化选择的一般规律是选择那些与自身文化相契合的东西，同时兼顾选择和吸纳外来文化中优秀的东西。在海外企业中，只有融合不同文化中的优秀内涵，才能真正做到优势互补。文化认同是文化选择的结果，是文化群体的黏合剂和基本价值取向。因此文化认同是跨国公司跨文化差异价值观形成和发展的重要动力。

三、激励理论在现代企业管理中的运用

通常情况下来说，激励理论在现代企业管理中具有十分重要的地位和作用，能够对企业的具体管理内容给予良好的指导以及起到积极的促进作用。尤其是随着市场竞争的日趋激烈，加强激励理论的良好应用能够进一步提高企业员工的生产积极性，增强企业凝聚力，进而促进企业整体竞争实力的提升。

（一）激励理论概述

从本质上来看，激励原本是属于心理学领域的一个重要内容，其主要的含义是指通过一系列的刺激手段，激发人们内在的潜能和向上的动机，进而使人们表现出更加积极与乐观的心理状态和精神面貌。随着现代企业管理的不断深入发展，激励理论逐渐成熟，目前处于主流地位的激励理论有以下几种：

1. 过程激励理论

过程激励理论是一种比较典型的激励理论，它的主要研究切入点是员工的心理和行为之间的内在联系，其中最有代表性的是弗鲁姆的期望理论。弗鲁姆在其理论中明确提出，人们对于美好事物的渴求就是期望，只有当人的期望得到满足的时候，才能够对人的行为形成有效的激励，而具体的激励能量是期望值与效价以及工具性的乘积。另外，亚当斯的公平理论作为过程激励理论的重要组成部分对激励提出了不同的看法，他认为当员工通过对薪酬和自身进行判断对比的时候，一旦觉得不公平便会出现心理失衡，进而会采取一系列的行动来恢复平衡，这便产生了激励。

2. 内容激励理论

通常情况下来说，内容激励理论的主要研究内容是员工的心理需求和行为动机之间的联系，在这方面最为成功的便是马斯洛的需求层次理论。该理论将人的需求由低到高划分为五个不同的等级，而且人只有在满足了低级层次之后才会追求更高的需求；反过来说，当人的各层次需求都无法获得有效满足的时候，人往往会先追求最基础的需求。此外，赫茨伯格的双因素理论也属于内容激励理论的范畴，他将员工对企业的满意分为保健因素和激励因素，当上述两种因素得到良好满足的时候，员工便可以非常努力地工作。

3. 行为改造激励理论

行为改造激励理论的主要研究内容是人的行为的改变以及心理状态的变化，并通过这种改变和变化促进整个组织的良性运作与发展。斯金纳的强化理论是行为改造激励理论的典型代表，其强化理论将强化分为正强化和负强化两个不同类型，并支持企业综合运用正强化（如表扬、升职和发奖等）以及负强化（如批评、降级和扣工资等）来激励员工的行为，使他们表现出更积极的行为，为企业做出更大的贡献。

（二）激励理论在现代企业管理中的运用价值

从目前的实际情况来看，激励理论在现代企业管理的应用方面表现出了十分积极的作用和非常重大的价值，具体来看，体现在以下几个方面：

1. 利于提高员工综合素质

通常情况下，员工的综合素质对于企业的生存和发展来说是决定性的，所以员工综合素质的不断提高是企业得以不断发展和壮大的根本动力。然而在现实生活中，不同员工之间的个体差异比较大，有些员工的进取心很差，对于工作疲于应付，并不认真对待。在这种情况下，激励理论的应用能够提高员工的工作积极性，增强其责任心和进取心，使其在强大的激励力量下通过深入的学习和广泛的实践不断提升自己，进而大大提高自身的综合素质。

2. 利于增强企业的凝聚力

企业的凝聚力直接决定了企业是否能够焕发出强大的力量，如果企业的凝聚力较差，那么就会使得企业员工相互之间难以形成有效的配合，甚至出现隔阂和摩擦，对于企业发展十分不利；如果企业的凝聚力较强，那么员工彼此之间的关系会被拉近，进而形成合力，达到整体大于部分之和的良好效果。激励理论的应用能够将企业的发展战略与员工的个人利益联系在一起，这样员工就能够将企业当作家一样来对待，真正为企业的发展付出更多辛勤劳动以及智慧汗水，进而大大提升企业的凝聚力。

3. 利于提升企业的综合竞争力

随着经济全球化进程的加快以及我国对外开放程度的不断加深，各个企业迎来了新的发展契机，同时也面临着日趋激烈的市场竞争。我国有相当一部分企业因为经营不善在市场竞争中败下阵来，甚至难逃倒闭的厄运。在这种危急情况下，激励理论的应用，能够进一步激发企业员工的创造力和积极性，进而使得整个企业的活力被点燃，让企业焕发出新的生命力，积极参与市场竞争，并力争在市场竞争中胜出，因此激励理论的应用对于现代企业综合竞争力的提升有极大的帮助作用。

（三）激励理论在现代企业管理的具体运用

虽然激励理论在现代企业管理中的运用具有极大的价值，但是其在现代企业管理中的具体运用却不是一蹴而就的，需要我们从以下几个方面积极采取有效的干预措施：

1. 毫不动摇地坚持公平原则

公平是激励的生命所在，只有在保证公平的前提下，相关激励措施才会取得良好的效果，否则只会带来相反的结果。比如，企业往往采用薪资和福利的方式对员工做出有效的激励，若是不能坚持公平原则，部分员工的薪资和福利明显低于其他人，将会使这部分员工觉得自己的辛勤付出没有得到应有的回报，久而久之就会使其丧失工作的热情以及对于企业的信任。所以作为企业来说，应该采用公平的激励措施来对员工进行激励，特别是在员工进行工作考核时，一定要坚持做好公正公开、赏罚分明、奖惩有度，只有这样才能够真正使员工对企业产生信任，将企业当作自己的家去经营和维护，进而帮助企业实现更高的效益目标，同时也使员工实现自己的人生价值。

2. 实施差异化激励制度和措施

员工是企业最宝贵的资源，其对于企业的发展影响巨大，然而在现实的生活中，企业内的不同员工往往存在着很大的个体差异，员工的工作态度和责任心等差距较大，另外性格特点也千差万别。在这种情况下，统一化的激励制度必定会对有些员工适合，对另外一些员工不适合，这样就不利于激励制度作用的发挥。所以作为企业来说，要保证激励制度和措施的差异化与灵活性，就要对不同员工的不同特点进行更加深入的分析和研究，然后在此基础上制定和完善更加具有针对性、更加具体化的激励制度与措施，保证激励制度与措施的效能得到最大程度的发挥，只有这样才能够真正激发每一名员工的内在潜力，使员工的能量得到更好的释放，进而推动企业的更好更快发展。

3. 精神激励与物质激励

目前大部分企业在对员工进行激励的过程中往往乐于采用物质激励的方式，而对于精神激励则有所忽略。然而根据马斯洛的需求层次理论，人们的物质需求得到一定的满足之后，就会转而对精神方面有较大的需求，此时企业应该顺应这一科学规律，及时对员工进行良好的精神激励。比如，在平时工作过程中对员工的良好表现进行夸奖，再比如定期举办表彰大会，给优秀员工颁发证书和奖状等，这样能够在更大程度上激励员工为企业做出更大的贡献。因此本书建议，企业在激励员工过程中应该将物质激励和精神激励完美结合在一起，二者的任何一方都不能偏废，只有这样才能够让员工得到真正意义上的激励。

4. 建立和完善多层次激励制度

激励理论的种类有很多种，但是单一的激励理论并不能够支撑起完善的激励制度。为了进一步适应日益复杂多样的社会环境，企业在建立激励制度的过程中应该注意综合采用多种激励理论，并根据自身的特点，保证激励制度的多层次化，只有这样才能够使激励制度更加公正合理，进而促使其发挥更加积极的作用。比如对于不同岗位的员工，建立不同类型的激励制度：对于较为重要且任务繁重的工作岗位，其激励措施可以更加严格一点；对于任务量小且比较轻松的工作岗位，其激励措施可以适当宽松一点。总而言之，要保证激励制度的多层次及合理化。

第四节　企业经营思想与经营哲学

现代企业要能够在纷繁复杂的环境下，做出能动的反应和正确的选择，必须注重培育经营哲学，必须有一套行之有效的指导方法，只有这样，才能在市场上立于不败之地，才能不断发展壮大。

一、企业哲学的发展渊源

（一）哲学在企业管理中的作用

1. 哲学的定义与作用

哲学是一门研究宇宙、人类和社会等基本问题的学科，通过深入思考和逻辑推理，探求事物的本质、存在的意义和普遍的规律。在企业管理中，哲学的作用不仅仅是解决实际问题，更是为企业经营活动确立了基本原则和价值观。哲学为企业提供了扎实的理论基础，帮助企业领导者思考经营目标、决策战略，形成科学合理的经营决策。

（1）哲学思维的特点

哲学思维具有系统性、逻辑性、综合性和辩证性等特点。在企业管理中，这些特点能够帮助企业领导者对复杂问题进行系统化的分析和综合性的思考。哲学思维能够帮助企业领导者在决策中辩证地看待问题，从多个角度出发，避免盲目性和片面性。

（2）哲学的价值观与伦理

哲学涉及价值观和伦理的问题，它不仅关注经济效益，更关注人的全面发展和社会的和谐。在企业管理中，哲学的价值观和伦理观念能够引导企业追求可持续发展，关注员工的幸福感和社会责任，形成积极向上的企业文化。

2. 哲学的思辨性和反思性

企业管理中常常涉及复杂的问题和多样的决策。哲学的思辨性和反思性能够帮助企业领导者深入分析问题的本质，从不同角度思考，并在决策中预见潜在的风险和挑战。哲学思维强调的是逻辑性和系统性，它可以帮助企业领导者更加理性地进行决策，减少盲目性和随意性。

（1）哲学的思辨性

哲学思辨性是指对问题进行深入的分析和思考。在企业管理中，企业领导者面对各种复杂的挑战和抉择，需要运用哲学的思辨性，对问题进行全面的分析和多角度的思考。通过哲学思辨性，企业领导者可以更好地理解问题的本质，把握问题的实质，从而制定更科学的经营决策。

（2）哲学的反思性

哲学的反思性是指对已有知识、经验和决策进行批判性的反思。在企业管理中，企业领导者需要不断地反思已有的管理经验和决策效果，找出问题所在，并及时进行调整和改进。通过哲学的反思性，企业可以避免重复犯错，不断提高管理水平和决策能力。

3.哲学的人文关怀

企业管理不仅仅关注经济效益，还应该注重人的全面发展和幸福感。哲学强调对人性的认知和尊重，关注员工的情感需求和心理状态。企业哲学应当反思经营活动对于员工和社会的影响，推动企业形成积极向上的文化氛围，关注社会责任，构建和谐共赢的经营模式。

（1）人的全面发展

哲学强调人的全面发展，即人的智力、体力、道德、美感等各个方面都得到充分发展。在企业管理中，企业领导者应当重视员工的个人成长和专业发展。通过提供培训机会、职业规划、晋升机制等措施，激发员工的潜能和创造力，使他们在工作中获得成就感和满足感。

（2）关注员工的情感需求

哲学强调人的情感需求中幸福和满足感的重要性。在企业管理中，企业领导者需要关注员工的情感状态，理解他们的需求和担忧。建立良好的员工关系和沟通渠道，使员工感受到被尊重和被关心，增强员工的归属感和忠诚度。

（3）推动企业社会责任

企业哲学应当推动企业履行社会责任，关注社会的可持续发展和公共利益。企业不仅要追求经济效益，还应当承担起社会责任，积极参与公益事业，保护环境，关注弱势群体，为社会贡献力量。这样的企业哲学能够树立企业良好的社会形象，增强企业的社会声誉。

（二）企业哲学的渊源

1.古代哲学思想的影响

企业哲学的渊源可以追溯到古代哲学思想，如中国的儒家思想、道家思想，希腊的柏拉图哲学、亚里士多德哲学等。这些古代哲学思想中蕴含着关于人性、伦理、道德等方面的思考，对于企业管理也有一定的启示和借鉴意义。

（1）儒家思想的影响

儒家思想强调仁爱、礼义、忠诚等价值观，对于企业的文化建设和人才培养有着重要意义。儒家思想强调道德伦理，对于企业领导者的品德修养和行为规范有一定的指导作用。在现代企业管理中，可以借鉴儒家思想中强调的"仁爱为本"和"忠诚诚信"，构建和谐稳固的组织关系和企业文化。

（2）道家思想的影响

道家思想注重无为而治，强调顺势而为，对于企业领导者的智慧和决策能力有所启发。道家思想鼓励个体追求自然之道，对于企业员工的个人发展和自我实现也具有一定的借鉴意义。在现代企业管理中，可以借鉴道家思想中强调的"无为而治"和"顺势而为"，适时调整经营策略，抓住市场机遇，提高企业的适应性和竞争力。

（3）希腊哲学的影响

希腊哲学中的柏拉图理念和亚里士多德伦理等思想，对于企业领导者的领导智慧和人际交往能力有所启示。柏拉图的理念强调追求真理和理念的卓越，亚里士多德的伦理思想强调个体的幸福和道德品质。在现代企业管理中，可以借鉴柏拉图思想中强调的"追求卓越"和亚里士多德思想中强调的"幸福"的价值观，激励企业员工追求卓越，创造更高的价值。

2.现代管理学的发展

随着现代管理学的发展，企业哲学逐渐与经济学、管理学等学科相结合，形成了独特的理论体系。现代管理学强调科学化、系统化和实证性，企业哲学在其中扮演了重要角色。

（1）科学管理学的贡献

20世纪初，泰勒提出了科学管理学，强调通过科学方法来管理企业，提高生产效率。科学管理学的理念在企业哲学中倡导了科学性和实证性的管理思维，鼓励企业依靠数据和事实进行决策，而非凭空臆断。在现代企业管理中，可以运用科学管理学的原则，优化生产过程，提高生产效率，实现经济效益的最大化。

（2）行为科学学派的影响

行为科学学派关注员工的行为和动机，强调人的因素在组织中的重要性。在企业哲学中，行为科学学派的思想提醒企业管理者要关注员工的需求和激励，了解员工的心理动机和行为模式。通过运用行为科学学派的理论，企业可以采取合理的激励措施，提高员工的工作动力和满意度，从而增强企业的凝聚力和提高企业的生产力。

（3）现代组织理论的发展

现代组织理论涵盖了系统理论、博弈论、信息理论等多个方面，对企业哲学的发展起到了推动作用。现代组织理论的应用使得企业哲学更加系统和综合，能够帮助企业管理者更好地理解组织结构和运作机制。通过运用现代组织理论，企业可以优化组织结构，提高组织的运转效率，增强企业的竞争力。

二、企业哲学的分析框架

（一）价值观与使命

1.企业核心价值观

企业核心价值观是企业的基本价值信仰和行为准则，体现了企业的文化和企业家精神。企业哲学强调企业核心价值观的重要性，它是企业文化建设的基石，也是员工行为的引导标杆。企业核心价值观的确立需要深入思考企业的使命和愿景，结合企业的实际情况和市场需求，明确企业的价值取向。

2.企业使命宣言

企业使命是企业存在和发展的意义和目标。企业哲学强调企业使命宣言的明确性和可信性，使其成为员工行动的指南和动力。合理的企业使命能够激发员工的归属感和责任感，增强员工对企业的认同和忠诚。企业使命宣言的制定需要考虑企业的资源和优势，结合市场的需求和竞争情况，确定企业的长期发展目标。

（二）战略与目标

1.企业战略规划

企业战略规划是企业长期发展的总体规划和方向。企业哲学强调战略规划的科学性和前瞻性，需要结合企业的优势和市场需求，确定明确的发展方向。企业战略规划的制定需要运用哲学的思辨性，深入分析企业的外部环境和内部资源，审视企业的优势和不足，确定最适合企业发展的战略路径。

2.企业目标设定

企业目标是战略实现的具体表现，它是企业长期和短期的具体计划和任务。企业哲学强调目标设定的可行性和可量化性，需要根据企业战略规划，明确具体的目标指标，并制订相应的实施计划。在目标设定过程中，企业管理者需要考虑员工的能力和资源，确定适合员工完成的目标，并给予适当的激励和支持。

（三）组织与文化

1.灵活高效的组织结构

企业哲学强调组织结构的灵活性和适应性，企业需要根据市场变化和战略调整，不断优化组织结构。灵活高效的组织结构能够促进信息流动和决策效率，增强企业应对变化的能力。在组织结构设计中，企业管理者需要充分考虑企业的规模和业务特点，建立符合企业实际的组织体系，确保组织的高效运转和快速响应能力。

2.积极向上的企业文化

企业文化是企业哲学的重要组成部分，它影响着员工的行为和态度。积极向上的企业文化能够激发员工的工作热情和创造力，增强员工的凝聚力和归属感。企业哲学强调营造积极向上的文化氛围，提倡团队协作、开放沟通、共享成果。企业管理者应当营造良好的企业文化，使其成为企业发展的动力并支持企业的发展。

三、经营哲学在现代企业中的应用

（一）价值观与使命的塑造

企业经营哲学强调价值观的重要性。在现代企业中，价值观是企业核心文化的基石。通过哲学的思辨，企业能够深入探讨什么是真正的价值，明确企业应当追求的目标和追求的方式。例如，儒家的"仁爱"、道家的"无为而治"等思想，对于价值观的塑造有着重要的启示作用。

1.价值观的影响

企业的价值观不仅影响着企业的内部文化和员工行为，也在外部对与企业的利益相关者进行沟通和合作时产生影响。企业价值观是塑造企业形象和企业品牌的重要因素，它能够吸引具有相同价值观的员工、合作伙伴和客户，形成价值共识，增强企业的凝聚力和竞争力。

2. 使命的定义与重要性

企业经营哲学中的使命是企业存在和发展的根本原因。使命不仅仅是企业的宏伟宣言，更是企业对社会贡献和责任的承诺。通过哲学思考，企业能够界定自身的定位和价值，明确企业的使命，将其融入企业的战略和目标中。

3. 使命的实践与验证

企业的使命需要得到实际行动的验证。在现代企业中，企业管理者需要运用哲学思维，确保企业的经营活动与使命相一致。同时，企业还需要通过不断创新和发展，以实际成果回应社会和利益相关者的期望，验证企业的使命是否真正得到落实。

（二）战略与目标的制定

企业经营哲学强调战略的科学性和适应性。哲学的思辨性能够帮助企业管理者深入分析企业的优势和劣势，把握市场的机遇和挑战，形成符合企业特点和市场需求的战略决策。例如，柏拉图的理念追求真理和理念的卓越，对于企业的战略思考有着启示意义。

1. 战略的重要性

战略是企业长远发展的指南针。在现代复杂多变的市场环境中，战略的制定对于企业的生存与发展至关重要。企业经营哲学中的战略思维能够帮助企业管理者明确企业的方向和定位，制定长期的发展规划。

2. 目标的设定与绩效评估

企业的战略需要通过目标来具体实施。目标的设定需要既考虑企业的长远愿景，又考虑市场的变化和竞争的压力。现代企业需要不断评估目标的完成情况，对战略进行修正和调整，以确保企业的发展与目标相一致。

（三）组织与文化的构建

企业经营哲学强调组织的灵活性和高效性。哲学的综合性和系统性能够帮助企业管理者构建适应市场变化的灵活组织结构，有效地将企业资源和人才调配到最合适的位置。例如，道家思想的"无为而治"，对于组织构建有着启示作用。

1. 组织结构的灵活性

现代企业需要根据不同的市场需求和业务特点，构建灵活高效的组织结构。哲学的思维方式能够帮助企业管理者审视组织的优势和不足，优化组织的各个层级和部门，提高企业的适应性和反应速度。

2. 文化的塑造与传承

企业文化是企业的精神支柱，它决定着企业的行为方式和价值观。现代企业需要借助哲学思维，塑造积极向上的企业文化，将企业的核心价值观融入员工的工作中，形成有特色的企业文化，增强企业的凝聚力和竞争力。

（四）人力资源与激励的优化

企业经营哲学强调以人为本的管理理念。哲学的思辨性和反思性能够帮助企业管理者深入了解员工的需求和动机，科学地激励员工的工作热情和创造力。例如，人本主义思想对于人力资源管理有着深刻的启示意义。

1. 人才招聘与选拔

现代企业面临着复杂多变的市场环境和激烈的竞争，拥有高素质的人才是保持竞争优势的关键。在企业经营哲学的指导下，人力资源管理应该重视人才招聘和选拔的过程。通过哲学的思辨和分析，企业管理者能够明确企业需要的人才的素质和能力，从而更加精准地招聘和选拔适合岗位的人才。

2. 员工激励与发展

哲学视角下，员工激励和发展是企业管理中的重要环节。企业需要通过合理的激励机制，激发员工的工作热情和创造力。同时，企业还需要提供良好的发展机会和培训计划，帮助员工不断提升自身能力和技能，实现个人价值与企业目标的共同成长。

3. 绩效评估与奖惩机制

在现代企业中，绩效评估是激励员工的重要手段。企业经营哲学强调科学合理的绩效评估体系，通过哲学的思辨和反思，建立客观公正的评估标准，确保员工的努力和贡献得到公平的回报，同时对表现不佳的员工采取相应的惩罚措施，以此保持员工的积极性和提升团队合作精神。

现代企业在经营管理中，可以借鉴和运用企业哲学的思想和原则。通过哲学思辨，企业能够深入思考经营目标、价值观与使命、战略与目标、组织与文化、人力资源与激励等方面的问题，形成科学合理的经营决策，提升企业的竞争力和可持续发展能力。

第三章 现代企业工商管理的基本概念

第一节 现代企业工商管理的定义

一、什么是工商管理

工商管理隶属于管理学，具有实用性的特点。工商管理是在运用相关经济理论和管理理论的基础上对企业进行现代化的管理和执行相应决策。履行对企业进行工商管理职能的部门称为工商管理部门。工商管理部门要依据实际的经济状况，结合相关理论，在坚持相应的工商管理原则的基础上履行相应的工商管理职能，才能保障工商管理的高效合理进行，促进我国经济的稳定有序发展。

（一）工商管理的概念

工商管理，简称工管，是一门研究企业和组织管理的学科，涉及经济、管理、营销、人力资源、财务等多个领域。工商管理学科旨在培养具备组织管理和商业运营能力的人才，使其能够在不同类型的企事业单位中进行管理和决策，并推动组织的高效运作和持续发展。

（二）工商管理的学科内涵

工商管理学科包含广泛的内容，主要包括以下几个方面：

1. 经济学基础

工商管理学科的内涵之一是经济学基础。经济学是工商管理学的重要理论基础，它研究资源的配置和利用，以及市场的运作规律。在工商管理中，经济学理论可以帮助管理者理解市场供求关系、价格形成机制、产业结构等经济现象，从而指导企业的经营决策和战略规划。

2. 管理学理论

管理学理论是工商管理学科的核心内容之一。它研究组织的构建和管理，包括组织结构、领导力、组织文化、决策制定、资源配置等方面。管理学理论为企业提供了科学管理的方法和技巧，帮助管理者有效地组织和调动人力、物力、财力等资源，实现组织目标。

3. 营销学原理

营销学原理是工商管理学科中的重要内容。它研究企业的市场营销策略和方法，包括市场调研、产品定位、价格策略、推广策略等。营销学原理帮助企业了解市场需求，确定目标客户群体，制订有效的营销计划，从而提高产品销量和市场份额。

4. 人力资源管理

人力资源管理是工商管理学科中的重要分支领域。它关注企业的人力资源配置和激励，包括招聘、培训、绩效评估、薪酬福利等方面。人力资源管理帮助企业吸引和留住优秀的员工，提高员工的工作效率和满意度，促进企业的人力资本增值。

5. 财务管理原则

财务管理原则是工商管理学科的重要组成部分。它涉及企业的财务分析、预算控制、资金管理等方面。财务管理原则帮助企业合理配置财务资源，保持财务稳健，预测和规避财务风险，从而实现企业的经济效益和财务目标。

6. 战略管理

战略管理是工商管理学科的前沿领域。它研究企业的长期发展方向和目标，包括战略定位、竞争战略、创新战略等方面。战略管理帮助企业把握市场机遇，应对市场竞争，实现持续竞争优势。

（三）工商管理的发展

1. 工商管理学科的历史

工商管理学科起源于19世纪末20世纪初的美国和欧洲。随着工业化和城市化的发展，企业管理面临着新的挑战和机遇，人们开始关注如何高效地组织和管理企业。1898年，哈佛大学设立了世界上第一个工商管理研究生学院，标志着工商管理学科的正式建立。

2. 工商管理学科的发展历程

20世纪以来，工商管理学科经历了不断发展和演变的历程：

（1）科学管理阶段

20世纪初期，美国工程师弗雷德里克·泰勒提出了科学管理理论，强调通过科学的方法来提高生产效率。这标志着工商管理学科进入了科学管理阶段。

（2）行为管理阶段

20世纪中叶，管理学家开始关注人的行为和组织文化对于管理的影响。人力资源管理和组织行为学等学科逐渐兴起，工商管理学科进入了行为管理阶段。

（3）现代管理阶段

20世纪后期至21世纪，随着全球化和信息技术的发展，企业管理面临着新的挑战和变革。战略管理、创新管理、国际商务管理等新兴学科逐渐形成，工商管理学科进入了现代管理阶段。

3. 工商管理学科的发展趋势

（1）跨学科融合

随着社会经济的快速发展和知识的不断积累，工商管理学科与其他学科之间的交叉融合越来越明显。例如，管理心理学、创新经济学、数据科学等新兴学科不断涌现，为工商管理学科带来了新的理论和方法。

（2）数字化转型

信息技术的飞速发展正在改变企业的运营方式和管理模式。工商管理学科逐渐注重数字化管理和数据分析，通过大数据和人工智能等技术，帮助企业进行精细化运营和决策。

（3）可持续发展

环境保护和社会责任成为现代企业不可回避的重要议题。工商管理学科逐渐关注企业的可持续发展策略，推动企业在经济效益的同时，实现社会和环境的可持续发展。

（4）国际化发展

全球化的趋势使得企业面临着跨国经营和国际市场开拓的挑战。工商管理学科逐渐强调国际商务管理和跨文化管理，帮助企业在全球范围内拓展业务。

（5）创新驱动

创新是推动企业发展的重要动力。工商管理学科逐渐注重创新管理和创新思维的培养，帮助企业在竞争中保持领先优势。

（6）数据驱动决策

在信息时代，企业管理面临着海量的数据和信息。工商管理学科逐渐强调数据驱动决策，通过数据分析和预测，帮助企业做出科学合理的决策。

（7）人本关怀

人力资源是企业最重要的资产。工商管理学科逐渐关注员工的幸福感和发展需求，注重人本管理，提高员工的工作满意度和忠诚度。

工商管理学科作为一门综合性的学科，不断适应时代发展的需求，积极拓展学科内涵，融合跨学科的思想和方法，努力为企业提供有效的管理理论和实践指导，推动企业的创新与发展。随着社会的不断变化和发展，工商管理学科将继续迎来新的挑战和机遇，不断探索前进，为现代企业的繁荣与持续发展做出贡献。

二、工商管理职能及原则

（一）企业工商管理的基础职能

1.企业规划的重要性

企业规划是企业工商管理中的基础职能之一，它对于企业的长期发展至关重要。企业规划是指对企业未来发展的方向和目标进行明确和规划，以确保企业在竞争激烈的市场中保持竞争优势。规划包括战略规划、年度计划和项目计划等不同层面，确保企业在实现短期目标的同时，也要有长期的发展战略。

（1）制定企业愿景和使命

企业规划的第一步是制定企业的愿景和使命。愿景是企业对未来的美好愿景和远大目标，是激励和激发员工的动力。使命是企业的核心使命和价值观，是企业存在和发展的基石。通过明确愿景和使命，企业能够形成共同的目标和价值观，凝聚员工的力量，推动企业向着共同的方向前进。

（2）制定战略规划

战略规划是企业规划的核心内容之一。它包括分析企业内外部环境，确定企业的竞争优势和劣势，制定长期发展的战略和目标。战略规划需要考虑市场需求、竞争对手、技术发展等因素，以确保企业在未来有持续的竞争优势和可持续发展的能力。

2. 组织与人力资源管理

（1）优化组织结构

组织与人力资源管理是企业工商管理的另一个基础职能。优化组织结构是指根据企业的战略目标和业务需要，合理划分组织的职能和层级，确保企业的管理体系简洁高效，信息传递畅通。

（2）人员招聘与选拔

人员招聘与选拔是确保企业拥有合适人才的重要环节。在企业规划中，需要明确所需岗位和人才要求，然后通过招聘和选拔，吸引和筛选出最适合的人才加入企业。

（3）培训与发展

企业规划中需要考虑员工的培训和发展，以提高员工的专业素质和技能水平。培训与发展计划需要与企业的战略目标相匹配，帮助员工不断学习和成长，为企业的长期发展提供人才支持。

（4）绩效管理与激励

绩效管理是确保企业员工工作表现和贡献与企业目标一致的重要手段。通过设定明确的绩效指标和激励机制，可以激励员工积极工作，提高工作效率和质量，推动企业实现战略目标。

（二）财务管理与控制

1. 财务规划与预算管理

财务管理与控制是企业工商管理的另一个重要职能。财务规划是指对企业未来一定时期内的财务情况进行合理预测和规划，确保企业有足够的资金支持其经营活动。预算管理是在财务规划的基础上，对企业各项收入和支出进行明确的预算安排和控制。

2. 成本控制与资金运营

成本控制是企业财务管理的重要环节之一。它涉及对企业生产经营过程中的各项成本进行合理控制，以确保企业的经营效率和盈利能力。成本控制包括原材料采购成本、生产成本、人工成本等方面的管理，通过优化资源配置和生产流程，降低企业的成本支出。

资金运营是指企业对资金的运用和管理。财务管理者需要合理安排企业的资金使用，确保企业有足够的流动资金支持日常经营和发展需求。资金运营涉及资金的调度、投资、融资和风险管理等方面，对企业的财务稳健和健康发展至关重要。

3. 财务报告与分析

财务报告是企业对外披露财务信息的主要方式。企业工商管理需要对财务报告进行编制、审计和发布，以向股东、投资者和其他利益相关者传递企业的财务状况和经营成果。财务分析是对企业财务报表数据进行深入分析，能够帮助企业了解经营状况、经济效益和健康状况，为企业的经营决策提供依据。

4. 风险管理与合规性

财务管理者需要对企业的财务风险进行评估和管理。这包括市场风险、信用风险、流动性风险等方面的管理，以确保企业的财务稳健和风险可控。另外，企业还需要遵守相关法律法规和财务准则，确保企业财务运作的合规性。

5. 投资决策与资本运作

企业工商管理还涉及对投资项目的决策和资本运作。在进行投资决策时，财务管理者需要对投资项目进行评估和分析，以确定投资的可行性和风险收益。资本运作包括资本结构管理、股权融资和债务融资等方面，它为企业提供融资支持和资本优化。

企业工商管理的基础职能包括规划与战略管理、组织与人力资源管理、财务管理与控制等多个方面。通过科学合理地进行规划、组织和管理，企业能够提高管理效率和经济效益，实现持续发展和竞争优势。同时，有效的财务管理与控制能够保障企业的财务健康和稳健运作，为企业的发展提供有力的财务支持。企业工商管理的基础职能是企业经营成功的关键基石，它为企业的持续发展提供了坚实的保障和支持。

（三）工商管理的原则

工商管理的原则包括综合性、适应性、可持续性、创新性、效率性、人本关怀、风险控制、客户导向、公平公正和责任担当。这些原则共同构成了企业工商管理的核心价值观和指导原则，对于企业的经营和发展起着重要的指导和支持作用。

综合性原则意味着工商管理的决策和行动需要综合考虑各种因素和要素。企业的经营环境和内部条件都是复杂多变的，需要综合运用各种管理原则和方法，以形成相互促进、相互配合的整体。

适应性原则要求工商管理在实践中要根据企业的具体情况和发展阶段进行灵活调整和优化。不同类型和规模的企业在管理上存在差异，因此管理原则和方法要因企业而异，以实现最佳的管理效果。

可持续性原则强调工商管理需要注重企业的长期发展。在经营和管理过程中，要平衡经济、社会和环境的三重效益，避免短视行为和过度开发资源，以实现可持续发展。

创新性原则要求工商管理不断创新和更新。随着时代的变迁和市场的变化，传统的管理方法可能会逐渐失效，因此需要引入新的理念和方法，以适应新的挑战和机遇。

效率性原则意味着工商管理需要追求高效率。在资源有限的情况下，企业需要在管理上寻求最大限度地资源利用效率，提高生产力和经营效益。

人本关怀原则强调工商管理应该注重员工的权益和发展。企业的发展离不开员工的付出和奉献，因此应该尊重员工的权益，关注员工的职业发展和福利待遇，激发员工的工作热情和创造力。

风险控制原则要求工商管理应该注重风险管理。企业在经营和管理过程中面临各种风险，包括市场风险、财务风险、竞争风险等，因此需要建立完善的风险管理体系，预防和应对各类风险。

客户导向原则意味着工商管理应该以客户为中心。客户是企业生存和发展的根本，因此企业需要始终关注客户的需求和满意度，不断提高产品和服务的质量，以吸引和留住客户。

公平公正原则要求工商管理应该坚持公平公正。在企业管理过程中，要遵循法律法规，尊重员工和合作伙伴的合法权益，建立公平竞争的市场环境，营造和谐稳定的企业文化。

责任担当原则强调工商管理应该体现责任担当。企业作为社会的一员，应当承担社会责任，积极参与公益事业和环保活动，为社会做出贡献。

这些原则共同构成了企业工商管理的基本准则和价值观，对于企业的长期发展和可持续性发展至关重要。在实践中，企业需要不断地将这些原则贯彻到管理决策和行动中，以实现企业的良性循环和健康发展。

第二节　现代企业工商管理的内容

一、经营管理

（一）经营与管理的概念

1. 经营的概念

经营是指企业运用资源，进行生产、销售和其他经济活动的过程。经营涉及企业的整个生产经营活动，包括生产过程、销售过程、财务管理、市场营销等方面。

2. 管理的概念

管理是指企业对各种资源进行有效配置和协调，以实现企业的目标和使命。管理涉及规划、组织、领导、控制等方面，是指导和协调企业各项活动的过程。

（二）企业经营管理的内容

1. 企业目标与战略管理

企业经营管理的首要任务是明确企业的长期和短期目标，并制订相应的战略和计划。目标和战略是企业经营的方向和动力，对于企业的发展至关重要。

2. 组织与人力资源管理

组织与人力资源管理是企业经营管理的核心内容。它涉及企业的组织结构设计、招聘与培训、绩效评估、薪酬激励等方面，旨在优化组织运作和激发员工的工作积极性。

3. 财务管理与控制

财务管理与控制是企业经营管理的重要组成部分。它包括财务规划、预算控制、成本管理、资金筹措和投资决策等方面，以确保企业财务稳健和盈利能力提升。

4. 营销与市场开拓

营销与市场开拓是企业经营管理的关键环节。它涉及产品定位、市场调研、品牌推广、销售渠道建设等方面，是企业获取市场份额和增加收入的重要手段。

5. 生产与运营管理

生产与运营管理是企业经营管理的基础工作。它包括生产过程的规划与管理、库存控制、供应链管理等方面，以保证企业产品的质量和供应的稳定性。

6. 创新与技术管理

创新与技术管理是现代企业经营管理不可或缺的内容。它涉及科研创新、技术引进和应用、知识产权管理等方面，以提高企业的竞争力和创新能力。

（三）企业经营管理的职能

1. 规划与决策职能

规划与决策是企业经营管理的起点。企业管理者需要进行全面深入的市场分析和内部评估，制定明确的企业目标和发展战略，并做出相关决策。

2. 组织与协调职能

组织与协调是企业经营管理的关键。企业管理者需要合理组织分配各类资源，协调各部门之间的关系，确保企业各项活动有序进行。

3. 领导与激励职能

领导与激励是企业经营管理的重要职能。企业管理者需要具备良好的领导能力，激发员工的工作热情和创造力，推动企业发展。

4. 控制与评估职能

控制与评估是企业经营管理的保障。企业管理者需要建立有效的管理控制体系，对企业各项活动进行监督和评估，确保企业目标的实现。

5. 沟通与协调职能

沟通与协调是企业经营管理的桥梁。企业管理者需要与员工、合作伙伴和客户保持良好的沟通，协调各方利益，促进合作共赢。

6. 创新与发展职能

创新与发展是企业经营管理的动力。企业管理者需要不断推动创新，寻找新的发展机遇，引领企业不断进步和发展。

7. 监督与改进职能

监督与改进是企业经营管理的重要职责。企业管理者需要及时发现问题，及时进行改进和调整，确保企业保持持续发展的良好状态。

现代企业经营管理涵盖了企业目标与战略管理、组织与人力资源管理、财务管理与控制、营销与市场开拓、生产与运营管理、创新与技术管理等多个方面。企业经营管理的职能包括规划与决策、组织与协调、领导与激励、控制与评估、沟通与协调、创新与发展、监督与改进等，这些职能共同构成了企业经营管理的全部框架，为企业的稳健发展和成功经营提供了有力支撑。

二、财务管理

（一）企业财务管理相关概念

1. 财务管理的定义

财务管理是指企业对资金和财务活动进行有效管理的过程。它涉及资金的筹措、运用和监督，以及财务决策的制定和执行。财务管理的目标是确保企业的财务健康，实现企业的长期稳健发展。

2. 财务管理的重要性

财务管理在企业经营中具有重要的作用。首先，财务管理可以帮助企业合理运用资金，提高资金利用效率，降低资金成本；其次，财务管理可以帮助企业制定科学合理的财务决策，降低财务风险，增加企业的盈利能力；最后，财务管理可以提供重要的财务信息，为企业管理者提供决策依据，推动企业的战略发展。

3.财务管理的基本职能

财务管理的基本职能包括资金筹措、资金运用、财务分析和财务决策。资金筹措是指企业通过各种渠道获取资金，包括债务融资和股权融资等。资金运用是指企业将筹集的资金用于投资和经营活动，实现盈利和增值。财务分析是指对企业的财务状况进行分析和评估，以及对财务数据进行解读和说明。财务决策是指企业管理者根据财务分析的结果，制定相应的财务决策，包括投资决策、融资决策、分红决策等。

（二）企业财务管理的构建原则与基础分析

1.构建原则

（1）确保财务透明度

财务透明度是企业财务管理的基本原则之一。企业应当按照会计准则和财务规范进行财务会计核算，及时披露企业的财务信息，确保财务报表的真实、准确、完整。透明的财务信息可以帮助投资者、债权人和其他利益相关者了解企业的财务状况，降低信息不对称，增加企业的信誉度。

（2）维护财务稳健性

财务稳健性是企业财务管理的重要原则。企业应当根据自身的经营状况和风险承受能力，制定合理的财务目标和政策，确保企业在面对市场波动和经济周期变化时能够保持稳健的财务状况。财务稳健性是企业持续发展的基础，也是防范财务风险的重要手段。

（3）实现财务协调性

财务协调性是企业财务管理的关键原则。企业各部门之间应当密切协作，充分沟通，形成统一的财务管理体系。财务协调性可以避免资源的浪费和重复投入，确保企业的财务资源得到合理配置和使用。

2.基础分析

（1）财务报表分析

财务报表分析是企业财务管理的基础工作之一。通过对企业的资产负债表、利润表和现金流量表进行分析，可以了解企业的资产状况、经营状况和现金流量状况。财务报表分析是企业经营决策的重要依据，也是投资者评估企业价值的重要参考。

（2）财务比率分析

财务比率分析是企业财务管理的重要工具。通过计算各种财务比率，如偿债能力比率、营运能力比率、盈利能力比率等，可以对企业的财务状况进行综合评估。财务比率分析可以帮助企业发现问题，找到改进和优化的方向。

（3）财务预测与规划

财务预测与规划是企业财务管理的关键环节。通过对企业未来经营状况的预测，可以制定合理的财务规划，包括资金需求、融资计划、利润预期等。财务预测和规划是企业经营决策的重要依据，也是企业实现长期发展的重要保障。

三、成本管理

（一）现代企业成本管理的概念及特点

1. 概念

现代企业成本管理是指企业在生产经营过程中对各项成本进行科学、合理的核算、控制和决策的管理活动。成本管理是企业管理的重要组成部分，它涉及企业的生产、经营和决策各个环节，对于企业的盈利能力、竞争力和可持续发展具有重要影响。

2. 特点

现代企业成本管理具有以下几个特点：

（1）系统性和全过程性

现代企业成本管理是一个系统工程，它涵盖了企业生产经营的全过程。成本管理要从原材料采购、生产加工、产品销售，以及售后服务等环节进行全面的成本核算和控制，确保成本管理的连续性和一致性。

（2）科学性和精确性

现代企业成本管理强调科学的成本核算方法和精确的成本数据。通过采用先进的成本核算技术和方法，确保成本数据的准确性和可靠性，为企业决策提供科学依据。

（3）灵活性和适应性

现代企业成本管理需要根据企业的经营特点和市场需求，灵活调整成本管理的方法和策略。不同类型和规模的企业可能需要采用不同的成本管理方法，以适应不同的管理需求。

（4）目标导向和效益导向

现代企业成本管理是具有目标导向的，它的核心是实现成本最小化和效益最大化。成本管理的目标是降低企业的经营成本，提高生产效率，增加经济效益和社会效益。

（5）信息化和数字化

现代企业成本管理借助信息技术和数字化手段，实现成本数据的实时监控和分析。企业可以通过成本管理信息系统，对成本数据进行汇总和分析，及时掌握企业的成本状况，为管理决策提供及时准确的信息支持。

（二）现代企业成本管理方法产生的必然性

1. 日益复杂的市场竞争

随着经济全球化和市场竞争的加剧，企业面临着日益复杂的市场竞争环境。在激烈的市场竞争中，企业需要降低产品价格，提高产品质量和服务水平，同时保持良好的利润水平。成本管理成为企业获取竞争优势的重要手段。

2. 资源有限性和成本压力

资源有限性是企业成本管理的现实挑战。企业在资源有限的情况下，需要合理配置资源，提高资源利用效率，以降低成本。此外，成本压力也来自通货膨胀和成本上升，企业需要通过成本管理来应对这些挑战。

3. 需求多样化和个性化

现代消费者对产品的需求日益多样化和个性化，企业需要不断开发新产品，满足不同消费者的需求。这就要求企业在产品设计和生产过程中，进行精细化成本管理，控制产品成本，确保产品的市场竞争力。

4. 政策法规和社会责任要求

政府的政策法规和社会责任要求也对企业成本管理提出了更高的要求。一方面，政府对企业的环保和节能要求日益严格，企业需要在成本管理中考虑环保成本和社会责任成本；另一方面，政府可能对某些行业的价格和成本进行管制，企业需要在政策法规的框架下进行成本管理。

5. 全球化经营和供应链管理

许多企业已经实现了全球化经营和供应链管理，不同地区和国家的成本差异对企业的经营产生了影响。企业需要对全球范围内的成本进行监控和管理，以确保全球供应链的高效运作和成本控制。

现代企业成本管理在日益复杂的市场竞争和资源有限性的挑战下，成为企业实现可持续发展和获取竞争优势的重要手段。通过科学的成本管理方法，企业可以降低经营成本，提高经济效益和社会效益，保持持续发展的活力。

四、研发管理

除了经营管理、财务管理以及成本管理之外，企业在工商管理的过程中还要开展研发管理活动。具体来说，企业要基于行业的特点来开展有效的调研，关注市场需求的变化，明确受众对产品所提出的新要求，同时还要更好地对考核工作进行管理。研发管理的最终目标是对研发方案进行优化，并将其投入实际应用。为了实现这个目标，企业需要为研发部门提供充足的资金支持，使研发人员能够通过开展市场调研等方式对产品进行优化，从而更好地满足受众的需求。

（一）研发项目制管理对企业创新能力建设的重要性

1. 企业创新能力的重要性

在当今竞争激烈的市场环境下，企业的创新能力是保持竞争优势和持续发展的关键。创新能力使企业能够开发新产品、新技术，提高生产效率和产品质量，满足不断变化的市场需求，应对外部环境的不确定性。

2. 研发项目制管理对创新能力建设的重要作用

研发项目制管理是指以项目为单位进行研发管理的一种方法。它以项目为核心，通过有效的计划、组织、协调和控制，推动研发活动的顺利进行。研发项目制管理对企业创新能力建设具有重要的作用：

（1）强化研发目标导向

研发项目制管理明确项目的目标和任务，使研发活动紧密围绕企业的战略目标和市场需求展开。通过设定明确的研发目标，可以提高研发活动的针对性和效率，推动创新能力的形成和提升。

（2）提高资源配置效率

研发项目制管理充分考虑资源的稀缺性和有限性，合理配置资源，避免资源浪费。通过项目制管理，企业可以集中优势资源，提高资源利用率，优化研发投入和产出的比例，提高创新产出。

（3）加强团队协作

研发项目制管理以团队为基本单位，强调团队成员之间的协作和配合。通过项目制管理，可以促进不同部门和岗位之间的交流和合作，形成跨部门、跨职能的创新团队，提高企业的综合创新能力。

（4）加速知识积累与转化

研发项目制管理强调对研发过程中的知识积累和技术转化进行有效管理。项目制管理可以促进知识的积累和传承，减少重复研发，加速技术成果的转化和应用。

（5）提高风险管理能力

创新活动本身伴随着一定的风险，而研发项目制管理可以帮助企业更好地识别、评估和控制风险。通过项目制管理，企业可以及时发现风险并采取相应的措施，降低创新活动的风险程度。

（二）研发项目制管理流程

1. 确定研发项目

企业在确定研发项目时，需要明确项目的研发目标、任务和预期成果，确保项目与企业的战略目标和市场需求相一致。

2. 编制项目计划

项目计划是研发项目制管理的关键环节。在项目计划阶段，需要确定项目的时间节点、资源投入、工作分工等，确保项目的可行性和可控性。

3. 组建项目团队

组建合适的项目团队是研发项目成功的关键。项目团队应该由具有相关专业知识和经验的人员组成，团队成员之间要具备良好的协作能力和沟通能力。

4. 实施研发项目

在项目实施阶段，团队成员按照项目计划进行具体的研发工作。研发团队应该严格按照项目目标和任务进行工作，确保项目进度和质量。

5. 监控和控制

项目实施过程中需要不断监控和控制项目进展。通过监控和控制，可以及时发现和解决项目中出现的问题，确保项目能够按时按质完成。

6. 评估和总结

项目完成后，需要对项目进行评估和总结。评估和总结阶段可以总结项目经验和教训，为以后的研发项目提供参考和借鉴。

（三）研发项目制管理措施保障

1. 确保高效的沟通与协作

研发项目涉及多个部门和岗位的协作，因此需要建立高效的沟通渠道和协作机制。定期召开项目进展会议，开展项目经验交流，建立跨部门协作机制，确保团队成员之间的有效沟通与协作。

2. 提供适宜的资源支持

研发项目需要充足的人力、物力、财力等资源支持。企业应该根据项目的实际需求，提供适宜的资源支持，确保项目能够顺利进行。

3. 强调项目目标的明确性和可测量性

项目目标的明确性和可测量性对于项目的成功至关重要。项目的目标应该明确具体，能够被量化和衡量，以便于项目的监控和评估。

4. 强化项目风险管理

研发项目存在着一定的风险，因此需要强化项目风险管理。在项目计划阶段，要对项目可能面临的风险进行充分评估，制定相应的风险应对措施，减少风险对项目的影响。

5. 加强知识管理与转化

研发项目涉及大量的知识积累和技术转化，因此需要加强知识管理。企业应该建立知识库和经验库，促进知识的积累和传承，确保项目成果的有效转化和应用。

6. 鼓励创新和激发团队动力

研发项目制管理应该鼓励团队成员的创新精神，并激发他们的工作动力。通过设立奖励机制和采取激励措施，可以激励团队成员积极投入到研发工作中，推动创新能力的提升。

7. 强调学习与改进

研发项目管理应该强调学习与改进。每个研发项目都是一个学习和改进的过程，企业应该及时总结经验，发现问题，进行改进，从而不断提高研发管理水平和能力。

通过研发项目制管理，企业能够充分发挥团队的创新能力，提高研发效率和成果转化率，推动企业的技术创新和持续发展。同时，项目制管理也可以加强团队之间的协作和沟通，形成良好的工作氛围，激发团队成员的创造力和积极性。因此，研发项目制管理在现代企业中具有重要的应用价值和实践意义。

第三节　现代企业工商管理的意义

工商管理指的现代经济学理论下的企业现代化管理手段与经营决策。工商管理作为管理学更深层次的研究方向，对于企业经济与社会经济发展趋势有着重要的指导作用，我国在加入世界贸易组织后经济一体化趋势愈加明显，工商管理在我国社会主义经济环境下应用作用更加明显。相关工商管理人员要清晰地了解市场经济趋势与企业经营现状，同时应用经济学、管理学等知识对企业管理方向进行分析，充分掌握和划分好工商管理的具体职能，提升企业工商管理水平，这也是我国经济发展过程中工商管理应用的必然要求。

一、现代工商管理工作的重要作用

现代工商管理工作是指在现代企业和组织中进行各种管理活动，以实现组织的目标和使命，提高效率和效益，增强竞争力，推动可持续发展。工商管理工作贯穿于企业的各个层面和领域，涵盖了战略规划、组织架构、人力资源、财务管理、营销、生产运作、信息技术等多个方面。现代工商管理工作不仅关注企业内部管理，还需要与外部环境密切结合，适应市场变化和社会需求，实现企业的可持续发展。现代工商管理工作在企业的发展中扮演着重要的角色，具有以下几个方面的重要作用：

（一）提高组织效率和生产力

工商管理工作通过合理规划和优化资源配置，提高组织的效率和生产力。通过科学的生产管理和流程优化，企业能够更有效地利用资源，减少浪费，提高生产效率，降低生产成本，从而提升企业的竞争力。

（二）优化组织结构和人力资源管理

现代工商管理工作强调优化组织结构和人力资源管理。合理的组织架构可以提高信息传递效率和决策执行效率，使企业更加灵活应变。科学的人力资源管理能够激发员工的工作积极性和创造力，提高员工满意度和忠诚度，从而增强企业的核心竞争力。

（三）制定有效的战略规划和经营决策

工商管理工作在制定战略规划和经营决策方面发挥着关键作用。通过深入分析市场和行业动态，研究竞争对手和顾客需求，企业能够制定科学合理的战略规划和经营策略，实现企业的可持续发展。

（四）促进创新和技术进步

现代工商管理工作鼓励创新和技术进步。通过设立创新奖励机制、推动技术研发和成果引进，企业能够不断提高产品和服务的质量，拓展新的市场和业务领域，保持竞争优势。

（五）加强市场营销和品牌建设

工商管理工作在市场营销和品牌建设方面发挥着重要作用。通过深入了解市场需求和顾客心理，企业能够精准定位和推广产品，增强品牌影响力，提高市场占有率。

（六）强化财务管理和风险控制

现代工商管理工作强调财务管理和风险控制。企业通过建立完善的财务管理体系，控制成本和预算，确保资金稳健运作。同时，企业还需加强风险管理，应对市场和经营风险，确保企业的长期稳健发展。

（七）倡导企业社会责任

工商管理工作倡导企业积极履行社会责任，关注环境保护、员工福利、社会公益等方面。企业通过履行社会责任，树立良好的企业形象，赢得社会的认可和支持。

二、现代工商管理对经济发展的促进作用

由于经济的全球化趋势，我们的经济在世界经济市场的背景下获得了很多发展机会。但我们在迎接机会的同时也遇到了许多困难。这就需要我们不仅要建立和完善法律体系，而且要加强企业管理，充分发挥企业管理的作用和特点，以使我国经济能够得到稳步发展，因此，更完善地建设工商管理体系对经济发展至关重要。

1. 经济效率的提升

现代工商管理通过合理配置资源、优化生产流程和提高生产效率，能够有效地降低生产成本，提高产品质量和供应链管理效率。经济效率的提升有助于企业实现更高的利润率和投资回报率，推动企业盈利能力的增强。

（1）供应链管理的优化

供应链管理是现代工商管理中的重要内容，它涉及原材料采购、生产制造、物流配送和销售等各个环节。通过科学的供应链管理，企业能够降低库存成本，提高交付效率，实现生产和销售的高度配合，从而提升整体供应链的效率和灵活性。

（2）生产流程的精细化管理

现代工商管理强调生产流程的精细化管理，即通过精确的生产计划和控制，减少生产过程中的浪费和损耗，提高生产效率和质量。精细化管理可以帮助企业在保证产品质量的同时，实现生产成本的最小化。

2. 创新能力的提升

现代工商管理鼓励创新和技术进步，提高企业的创新能力。创新是推动经济发展的重要驱动力之一。通过加强创新管理，鼓励员工提出新的想法和创意，引进先进的技术和管理理念，企业能够不断推出新产品和服务，增强市场竞争力。

（1）研发管理的重要性

研发管理是现代工商管理中的重要环节。通过建立科学的研发管理体系，企业能够对研发项目进行全面规划和控制，确保研发投入的有效利用，推动技术和产品的创新，为企业的可持续发展提供源源不断的动力。

（2）创新文化的营造

现代工商管理倡导创新文化的营造。创新文化强调鼓励员工敢于尝试新思路和方法，容忍失败和错误，提倡知识分享和团队合作。创新文化能够激发员工的创造力和积极性，营造创新氛围，推动企业创新能力的提升。

3. 市场竞争力的增强

现代工商管理通过市场营销、品牌建设和客户体验管理，能够增强企业的市场竞争力。

（1）市场营销的重要性

市场营销是现代工商管理中的重要组成部分。通过深入了解市场需求和竞争对手，企业能够精准定位和推广产品，制定差异化的市场策略，提高市场占有率和品牌知名度。

（2）品牌建设与客户体验管理

现代工商管理强调品牌建设和客户体验管理。通过塑造企业良好的品牌形象，提供优质的产品和服务，企业能够赢得客户的信任和忠诚，形成良好的口碑，增强市场竞争力。

4. 社会责任的履行

现代工商管理倡导企业积极履行社会责任，关注环境保护、员工福利和社会公益等方面。通过履行社会责任，企业能够树立良好的企业形象，赢得社会的认可和支持，提升企业的社会声誉。

（1）环境保护和资源利用

现代工商管理强调环境保护和资源利用。企业需要关注生产过程中的环境影响，采取节能减排措施，推动绿色生产和循环经济。同时，企业应该合理利用资源，降低资源消耗和浪费，推动资源的有效利用，实现经济效益与环境保护的有机结合。

（2）社会公益与慈善活动

现代工商管理鼓励企业参与社会公益和慈善活动。通过捐赠资金、物资或者开展公益活动，企业能够回馈社会，帮助弱势群体，推动社会进步。社会公益和慈善活动不仅有助于改善社会环境，还能提升企业的社会形象和企业文化。

5. 经济结构的优化和升级

现代工商管理能够推动经济结构的优化和升级。通过市场调研和战略规划，企业能够发现市场潜力和新兴产业，调整产品结构和产业布局，实现经济结构的升级，提高经济增长的质量和效益。

（1）产业结构的调整

现代工商管理强调产业结构的调整。企业应该根据市场需求和产业发展趋势，优化产品结构，加强新技术、新产品和新产业的开发，推动传统产业向高附加值和高技术含量的产业转型升级。

（2）区域经济的发展

现代工商管理关注区域经济的发展。企业在拓展业务时应该考虑区域特点和资源禀赋，发挥企业优势，推动区域经济的融合发展和协同发展。

6. 国际经济合作与竞争力提升

现代工商管理鼓励企业加强国际经济合作，扩大国际市场份额，提升国际竞争力。通过开展国际贸易、引进外资、参与全球供应链等方式，企业能够吸纳国际先进技术和管理经验，提高产品和服务的国际竞争力。

（1）国际贸易的拓展

现代工商管理强调国际贸易的拓展。企业应该根据市场需求和竞争优势，开拓国际市场，出口优质产品，拓展海外销售渠道，实现产品销售的多元化。

（2）技术引进与合作

现代工商管理鼓励企业引进国外先进技术和管理经验。通过技术引进与合作，企业能够提高产品质量和生产效率，加速技术创新，增强国际竞争力。

7. 就业机会的创造

现代工商管理在经济发展中起到创造就业机会的重要作用。随着企业的扩大和壮大，需要大量的人才来参与生产和管理，从而创造更多的就业机会，促进就业率的提高。

（1）创业与中小企业发展

现代工商管理鼓励创业和中小企业的发展。创业是经济发展的重要动力之一，创业者通过创新和创造价值，不仅推动了企业的成长，还创造了更多的就业机会。中小企业在经济中扮演着灵活、创新的角色，能够快速适应市场变化，为经济发展增加了活力和竞争力。

（2）技能培训与人力资源开发

现代工商管理注重技能培训和人力资源开发。企业通过提供培训和发展机会，提高员工的技能和素质，使其更好地适应工作需求，增强就业竞争力。同时，企业还应该关注劳动力市场的需求，培养和吸引符合市场需求的专业人才。

8.财富创造和经济增长

现代工商管理直接参与财富创造和经济增长过程。企业通过生产和销售产品，提供服务，创造了财富和价值，推动了国民经济的持续增长。同时，企业的盈利和税收贡献也为社会提供了重要的财力支持，促进了公共事业的发展和社会福利的改善。

（1）创新与市场竞争

现代工商管理鼓励企业进行创新，不断推陈出新，满足市场需求。通过不断创新产品和服务，企业能够在激烈的市场竞争中脱颖而出，赢得更多的市场份额，实现财富的创造和经济的增长。

（2）投资与扩张

现代工商管理鼓励企业进行投资和扩张。通过投资新项目、拓展新市场，企业能够拓宽经营范围，增加收入来源，带动产业链上下游的发展，促进经济的全面增长。

9.促进区域发展和产业升级

现代工商管理在促进区域发展和产业升级方面发挥着重要作用。企业的发展和投资往往会带动相关产业的发展，形成产业集群，促进区域经济的繁荣。同时，企业通过引进新技术、新设备和新模式，推动相关产业的升级和转型，提高整体产业竞争力。

（1）区域产业布局与投资

现代工商管理关注区域产业布局与投资。企业在进行投资和发展时，需要充分考虑区域的产业特点和优势，与当地政府和相关企业进行合作，实现优势互补，促进区域发展。

（2）产业升级与科技创新

现代工商管理鼓励企业进行产业升级和科技创新。企业通过引进先进技术和设备，提高产业的技术水平和竞争力。同时，企业还应该积极投入科技研发，推动自主创新，实现产业的跨越式发展。

三、现代工商管理对企业转型的影响分析

如今我国企业在激烈的竞争压力之下为了获得较为良好的发展，需要科学有效地提高企业工商管理水平，为我国企业制定未来的发展目标奠定坚实的基础。

（一）企业战略转型的推动

现代工商管理对企业转型的一个重要影响是推动企业战略转型。随着市场竞争的加剧和技术进步的不断推进，许多传统企业面临着生存和发展的压力。现代工商管理强调市场导向和创新驱动，鼓励企业不断调整战略定位，拓展新的业务领域，推动企业由传统产业向新兴产业或高附加值产业转型，实现转型升级。

1.顺应市场需求的调整

现代工商管理鼓励企业深入了解市场需求，及时调整产品和服务的定位，以满足消费者不断变化的需求。通过市场调研和精准定位，企业能够推出更具竞争力的产品和服务，提高市场份额，增强企业的生存和发展能力。

2. 创新和技术升级

现代工商管理强调创新和技术升级的重要性。企业在转型过程中需要不断引进和吸收先进的技术和管理理念，不断创新产品和服务，提高核心竞争力。通过创新和技术升级，企业能够在激烈的市场竞争中脱颖而出，实现转型和升级。

3. 优化组织结构与人才队伍建设

现代工商管理强调优化组织结构和人才队伍建设。在企业转型过程中，需要合理调整组织结构，提高决策效率和执行力。同时，企业需要加强人才队伍建设，培养具有创新能力和适应能力的人才，为企业转型提供有力的人力支持。

4. 拓展新兴市场和业务领域

现代工商管理鼓励企业拓展新兴市场和业务领域。在转型过程中，企业应该关注新的市场机会和发展趋势，积极拓展新的业务领域，实现多元化经营。通过多元化经营，企业能够降低经营风险，增加收入来源，实现可持续发展。

（二）提升企业运营效率和质量

现代工商管理对企业转型的另一个重要影响是提升企业运营效率和质量。在激烈的市场竞争中，企业需要通过提高运营效率和质量来降低成本，增加利润，提高市场竞争力。

1. 流程优化与资源整合

现代工商管理强调流程优化和资源整合。企业在转型过程中需要审视内部流程，发现问题和瓶颈，并通过优化流程和整合资源，提高生产效率和资源利用率，降低成本。

2. 质量管理和品牌建设

现代工商管理注重质量管理和品牌建设。企业需要加强产品质量管理，提高产品和服务的品质，树立良好的企业品牌形象。通过质量管理和品牌建设，企业能够赢得客户的信任和忠诚，提高市场竞争力。

3. 数据化管理与智能化决策支持

现代工商管理强调数据化管理和智能化决策支持。企业在转型过程中应当加强数据的收集、分析和应用，借助先进的信息技术和人工智能算法，对企业的运营数据进行深度分析，帮助管理层做出更加准确、科学的决策。数据化管理能够提高管理的科学性和精确性，智能化决策支持能够优化企业的战略规划和资源配置，提高经营效率和决策的成功率。

4. 强化供应链管理与创新合作

现代工商管理强调供应链管理和创新合作。在转型过程中，企业应当积极优化供应链，提高供应链的灵活性和效率，降低采购成本和库存风险。同时，企业还应该与供应商、合作伙伴展开创新合作，共同开发新产品、新技术，实现资源共享和优势互补，促进产业链上下游的协同发展。

5. 强调人才培养和组织学习

现代工商管理鼓励企业强调人才培养和组织学习。在转型过程中，企业需要重视员工的终身学习和职业发展，提供多样化的培训和发展机会，建设学习型组织。学习型组织能够吸收新知识、新技术，灵活适应市场变化，保持竞争优势。通过人才培养和组织学习，企业能够培养具有创新能力和适应力的人才，为企业的转型和发展提供强大的智力支持。

6.加强风险管理和应对危机

现代工商管理鼓励企业加强风险管理和应对危机。在转型过程中，企业需要建立完善的风险评估体系，预测和应对可能出现的风险，制定科学合理的应急预案，确保企业能够在面对突发情况时做出及时应对，降低危机对企业的影响。风险管理能够保障企业的稳健经营和可持续发展。

（三）企业文化与价值观的转型

现代工商管理对企业转型还涉及企业文化和价值观的转型。在转型过程中，企业需要注重建设积极向上的企业文化，树立企业的核心价值观，引导员工形成积极的工作态度和价值观，增强企业的凝聚力和归属感。

1.建设积极向上的企业文化

现代工商管理强调建设积极向上的企业文化。企业需要营造开放、包容、创新的文化氛围，鼓励员工勇于尝试、不断创新。积极向上的企业文化能够激励员工主动担责、敢于挑战，推动企业不断发展壮大。

2.树立企业的核心价值观

现代工商管理倡导树立企业的核心价值观。企业的核心价值观是企业文化的灵魂，体现了企业的价值追求和社会责任。在转型过程中，企业需要明确和弘扬自身的核心价值观，让员工在共同的价值观引领下形成统一的行为准则，增强企业的凝聚力和稳定性。

3.建立开放的沟通机制

现代工商管理强调建立开放的沟通机制。在企业转型过程中，沟通是至关重要的环节。企业需要建立高效畅通的内部沟通渠道，促进不同层级、不同部门之间的沟通与协作，使信息传递更加及时和准确。开放的沟通机制有助于消除信息壁垒，减少决策误差，推动企业的转型和发展。

4.培养积极的组织文化

现代工商管理鼓励企业培养积极的组织文化。组织文化是企业的精神内核，是员工行为的指导标准。积极的组织文化能够激励员工投入工作，增强员工的归属感和认同感，培养员工积极的工作态度和发展员工的创新思维。

第四章 现代企业对工商管理人员职业能力的需求

第一节 工商管理人才职业能力概述

一、企业管理人员的现状

我国的企业家应该认识到企业管理人员培训的重要性，深入完善管理体系，用此种方法使企业的经营更加稳定，使得企业建立积极的企业文化。随着社会的发展和科学技术的进步，以科学的方式管理企业将会成为主流。培养管理人员的科学技术以及使用方法应引起企业的重视，在熟练运用科学方式管理企业的方面刻不容缓，应紧随时代发展的脚步，使企业向更好的方向大步迈进。

（一）加强企业管理人员培训的意义

1.加强企业管理人员培训是促进企业改革发展的需要

企业经济管理工作作为企业管理的重要组成部分，在企业管理中发挥着重要作用。企业要实现快速发展，必须要树立良好的企业精神。现代企业经济管理工作受传统管理思想、体制的束缚，已经严重制约了当前企业管理工作的高效发展。新形势下，加强企业管理人员培训，能有效提高企业干部队伍的整体素质以及管理人员的管理能力和水平，形成过硬的管理技能，创新管理经营理念，加快企业改革和创新，建立适合企业自身发展的管理体系，更好地促进企业的改革发展。

2.加强企业管理人员培训，是提升企业核心竞争力的需要

随着市场环境的不断变化，企业在发展过程中由于各方面因素的制约经常会遇到新情况、新问题。企业要实现长远发展，必须顺应新时期发展的客观要求，不断加强经济管理工作，对经济管理进行创新，不断解放思想、创新观念，激发工作的激情，帮助企业找准定位和目标，对企业员工思想变化及时做出反应，消除企业经营中出现的不稳定因素，提高工作的积极性和主动性，更好地服务于企业发展，为企业发展营造和谐稳定的发展空间，提高企业在市场中的核心竞争力。

（二）当代企业管理人员的现状分析

1.当代企业管理人员的现状

（1）对企业管理人员的工作定位不明确

首先，很多企业在引进管理人员时对其的定位为高层管理人员，定位过高，期望过高，甚

至理想化。定位过高导致相关人员和企业都无法明确区分其工作的定位，且引进的企业管理人员并没有真正脱离理论认知，未能及时深入企业实际管理，不了解企业经营管理流程。这种情况下，照搬照抄管理人员认知的管理模式和流程，岗位职责和工作内容就不能很好地落实，结果可能会导致理论和实践脱节，公司制定的规章制度不能有效落实执行，项目无法正常开展，管理混乱，员工抱怨，最终为企业带来难以预估的损失。

其次，企业的相关领导没有对企业管理人员进行相应的培训，不知道企业需要什么样的人才，也不知道如何进行培训，更不知道培训的方向以及预期达到的培训效果。

最后，很多企业对企业管理人员的认识仍然停留在传统的思想层面上，所采取的培训方式也是非常落后的，已经无法满足企业自身发展的实际需要，从而导致企业管理人员认识不足，职责不明确，定位不清晰，无法在岗位上发挥自身优势和作用，企业也无法依靠高效管理实现稳健发展的目标。

（2）对企业管理人员的培养缺乏实践性

一方面，在大多数人眼中企业管理人员都属于企业的高管，应当拥有丰富的管理经验和渊博的管理理论，其工作重心应当是利用管理人员的经验和视角，制定企业发展战略和方针，通过对企业的管理，企业实现战略目标并获得快速发展，因此，对企业管理人员的培训也是非常单调和粗放的。同时由于我国培训体制的固有模式，导致在培训课程的设计上缺乏实践性和针对性，所谓的总裁班，实际就是借助培训的机会，结交各行各业的朋友，扩展人脉，并没有提高自身管理水平和能力，没有立足于企业存在的实际环境及企业的自身发展需要。

另一方面，在企业管理专业的学习中，很多学校都只注重理论的学习，不关注学生的实践能力，但是在企业管理活动开展的过程中，我们可以看出，企业管理是一门理论与实践相结合的学科，它直接与企业的生产活动相关联。目前大多数企业管理人才都没有经过亲身实践和相关经验的积累，企业对员工的选拔很大程度上也是取决于学生的理论成绩，导致其在企业中无法开展工作，在进入企业后无法适应工作环境。

（3）对企业管理人员创新能力的培养不重视

创新是企业发展的原动力，是企业发展的活力，对企业的发展起着推动作用，但是当前大多数企业管理人员都没有创新的意识，也缺乏创新思维和教育，只是按照企业当前的模式开展工作，对自身没有创新的要求，没有明确自身要在工作岗位上创造的价值，导致企业管理人才的综合能力不强，无法发挥管理功能。

2. 企业管理人员应具备的能力

在当前的信息化社会中，企业要越来越注重管理人员的综合素质，以及其能力是否能满足公司可持续发展的实际需要，如何选择合适的管理人员是当前大多数企业需要认真思考的问题。

（1）获取相关有效信息的能力

随着信息化技术的快速发展，信息数据在传递上变得越来越简便，尤其是在知识经济和大数据背景下，如果企业的管理人员能够收集到大量信息，并且从中能够进行有效的筛选，找到符合企业发展需要的数据信息，企业就能在很大程度上拥有市场产品的优先选择权。信息作为一种开放资源，在生活中随处可见，但是数量庞大，因此，企业管理人员要想帮助企业占据市场优势，就必须学会如何收集信息，如何从庞大的数据库中找到有效的相关信息，并且根据筛选的信息能够进行合理的分析，分析企业的外部环境和内部经营条件，对企业发展战略提出建设性的意见和建议，从而帮助企业稳健发展。

（2）积极参与市场竞争，提高核心竞争力

企业只有融入社会，参与到市场中，才能发现自身的不足，才能不断提高和完善企业的核心竞争力。众所周知，核心竞争力是企业占领市场的基础，它不仅能够提高企业的经济效益，也能在一定程度上增加社会效益，同时优化企业的市场结构和组织框架。当前社会经济的飞速发展，使行业之间的竞争越来越大，企业只有找准自身市场定位，充分运用管理人才，才能对市场环境进行有效的分析，对企业进行优化改革。

a.决策能力

当前市场竞争激烈，各种状况层出不穷，市场的变化也是难以预料的，企业管理人员此时就应当具备决策能力，在混乱复杂的市场中找到企业发展的优势和机遇，准确快速地推倒壁垒，做出明智的判断，同时做出快、准、狠的相关决策，抢占市场先机，赢得企业发展的机遇，实现可持续发展。

b.组织能力

组织能力的运用主要是针对决策之后，企业内部需要迅速做出反应，明确企业的市场定位和需求，发挥组织能力，将各职能部门进行合理的工作安排，确保企业快速有序地运行，从而最大程度地发挥企业的效能，保证企业决策的顺利执行。

c.协调能力

企业在经营管理过程中，会遇到一系列各种各样的问题，越是庞大的企业内部关系越是复杂。这就需要企业管理人员具有一定的协调和沟通能力，从企业发展的根本利益出发，积极主动地与各部门相关人员交流，找到问题解决的切入点，协调各部门的工作和人员之间的关系，为决策的执行提供后勤保障。

（3）创新管理能力

创新是公司发展的根本所在，尤其是当前信息化社会的背景下，企业要想获得长期稳健的发展就必须重视管理人员创新能力的培养。在管理岗位中，相关人员必须学会创新，并且将创新思维灵活运用于企业管理工作的方方面面和各个环节中，管理组织的稳定性也依赖于企业的创新管理模式。因此，企业管理人员应当结合企业的实际情况，立足于当前现有的管理模式、经营方式，在此基础上根据市场需求和社会发展变化，对制度和管理模式进行不断的改革和创新，调整企业运营方式、经营模式，更好地适应社会发展，实现企业的可持续发展。

（4）团队能力

团队合作是企业发展的根本保障，员工之间的团队合作能力，就是体现在相互帮助、互相尊重方面。工作之间要相互协调、相互包容，这也是提高企业经济效益的有效方法及对策。因此，企业管理人员要积极融入其中，要从公司的效益出发，将自己当作公司的一分子和重要的组成部分，通过团队协作和共同的努力，最终在团队中带领员工，调动员工工作的积极性，为企业创造更多的价值。

（5）执行能力

公司项目能否取得预期效益很大程度上取决于员工的执行能力，只有员工将所有的过程和步骤进行贯彻落实，才能保证项目的进度和质量。因此，企业管理人员协调相关资源，加大对项目的执行力度，制定相应的规章制度，加强对每一个环节的监督管理，这样才能确保项目按预期的结果有序地开展，解决过程中遇到的问题，从而提高企业的核心竞争力。

二、现代化背景下工商管理人才的特点

（一）以能力为核心

在现代化的背景下，企业工商管理人才的特点之一是以能力为核心。随着经济全球化和信息技术的快速发展，企业面临着复杂多变的市场环境和激烈的竞争压力。因此，企业需要具备高素质、高能力的管理人才来应对各种挑战。现代企业工商管理人才不仅需要具备扎实的专业知识，还需要具备良好的沟通、协调、领导和创新能力。他们应该能够灵活应对各种情况，做出正确的决策，快速适应变化，推动企业可持续发展。企业在选拔和培养工商管理人才时，越来越注重能力的培养和发展，通过培训、实践和项目锻炼等方式，提升工商管理人员的核心竞争力，使其能够胜任复杂多变的管理工作。

1. 专业知识与技能的要求

现代企业工商管理人才需要掌握广泛的专业知识和技能。他们需要了解经济学、市场营销、人力资源管理、财务管理等多个学科领域的知识，能够运用相关的理论和方法来解决实际问题。此外，他们还需要具备计划、组织、领导、控制等管理技能，能够有效地管理团队和资源，实现企业目标。对于不同的行业和企业来说，工商管理人才还需要具备特定的行业知识和技能，以更好地适应和推动企业的发展。

2. 领导与团队合作能力

在现代企业中，工商管理人才不仅仅是执行者，更需要具备领导和团队合作能力。优秀的管理人员应该能够激发团队成员的潜能，有效地协调和管理团队，使团队成员共同为企业的目标而努力。领导能力包括激励员工、解决冲突、制定战略等方面，能够带领团队迎接挑战，取得优异的业绩。同时，工商管理人才还需要具备良好的团队合作精神，能够与不同背景、不同专业的团队成员合作，共同完成复杂的任务。

（二）重视创新性

现代化背景下，工商管理人才的另一个重要特点是重视创新性。随着科技的不断进步和市场的变化，企业面临着日益复杂的挑战和机遇。为了在激烈的竞争中立于不败之地，企业必须不断创新，寻求新的发展路径和商业模式。而工商管理人才作为企业的领导者和管理者，必须具备创新思维和创新能力。他们应该鼓励员工提出新的想法和建议，推动组织内部的创新文化，促进企业的技术创新和管理创新。同时，工商管理人才还需要关注市场的变化和客户的需求，及时调整企业的经营策略和产品服务，以满足市场的需求，增强企业的竞争力。

1. 技术与业务创新

在现代化背景下，技术与业务创新成为企业发展的关键因素。工商管理人才需要密切关注科技进步和行业趋势，将创新融入企业的战略规划和运营管理中。技术创新包括应用新技术、

数字化转型、智能化生产等，以提高生产效率、降低成本、改善产品和服务质量。业务创新则涉及企业的商业模式、市场定位、产品设计等，以满足不断变化的市场需求和客户需求。工商管理人才需要敢于尝试新的商业模式，鼓励员工提出创新性的想法，建立创新激励机制，以推动企业的持续创新和发展。

2. 风险管理与适应能力

在现代化背景下，企业面临着更多的不确定性和风险。工商管理人才需要具备良好的风险管理能力，能够识别、评估和应对各类风险。他们应该能够制定有效的风险管理策略，预防和化解潜在的风险，确保企业的稳健发展。同时，工商管理人才还需要具备适应能力，能够及时调整企业的经营策略和组织结构，以适应不断变化的市场环境和竞争态势。适应能力包括灵活的决策能力、快速的反应能力和创新的变革能力，使企业能够迅速应对外部变化，保持竞争优势。

3. 全球视野与跨文化管理

在现代经济全球化的背景下，企业的竞争范围已经不再局限于国内市场。工商管理人才需要具备全球视野，了解国际市场的动态和竞争格局。他们应该能够制定国际化战略，拓展海外市场，参与全球资源配置和产业链协作。同时，工商管理人才还需要具备跨文化管理能力，能够理解不同国家和地区的商业文化、法律法规和消费习惯，建立有效的跨文化沟通和合作机制。跨文化管理能力有助于企业在国际市场中获得竞争优势，实现全球化布局。

4. 社会责任与可持续发展

现代化背景下，社会责任和可持续发展成为企业发展的重要议题。工商管理人才需要关注企业的社会影响和可持续发展战略。他们应该将社会责任融入企业的核心价值观和业务运营中，积极参与公益事业、环境保护，践行社会公正，为社会做出积极贡献。同时，工商管理人才还需要制定可持续发展战略，平衡经济发展、环境保护和社会责任的关系，确保企业的长期稳健发展。

现代化背景下，工商管理人才应该具备多方面的素质和能力，以应对复杂多变的市场环境和竞争压力。他们需要以能力为核心，重视创新性，注重风险管理和适应能力，拥有全球视野和跨文化管理能力，积极履行社会责任，以推动企业的持续发展和成功。只有具备这些特点的工商管理人才，才能成为现代企业发展的中坚力量，为企业创造更加美好的未来。

第二节　工商管理人员职业能力需求的分析

工商管理从业人员应具有一定的思想道德素养、专业素养和敬业精神，具备法律意识、服务意识，除此之外应具备以下几点：

一、现代工商管理人才的素质对企业发展的影响

（一）影响企业人际关系的高低

现代工商管理人才的素质对企业发展的影响首先体现在处理企业人际关系的能力上。工

商管理人员作为企业的管理者和代表，需要与各种利益相关者进行有效的沟通和合作，包括政府、供应商、客户、投资者等。高素质的工商管理人员应具备良好的沟通、协调和谈判能力，能够建立良好的人际关系网络，增进企业与各利益相关者之间的互信和合作。这有利于企业获得政府支持，稳固供应链，拓展客户市场，吸引投资等，为企业发展创造有利条件。

（二）影响企业信息传递的准确度

企业的信息传递对于决策和运营至关重要。工商管理人员需要扮演良好的信息传递者角色，确保信息的准确传递及及时反馈。高素质的工商管理人员应具备良好的沟通能力和信息筛选能力，能够准确捕捉市场信息、竞争动态和客户需求，为企业决策提供有效参考。同时，他们还需要在企业内部做好信息的传递和共享，确保各部门之间的信息畅通和沟通高效，避免信息孤岛和信息失真。准确的信息传递有助于企业及时应对市场变化，降低决策风险，提高运营效率，为企业的可持续发展提供支持。

（三）影响企业决策制定水平的高低

企业决策是企业发展的关键环节，而工商管理人员作为企业的决策者和执行者，其素质直接影响决策制定的水平和质量。高素质的工商管理人员应具备良好的分析、判断和决策能力，能够从复杂的信息中抓住关键点，做出科学合理的决策。他们了解企业内外部环境，熟悉行业发展趋势，能够做出有远见和前瞻性的战略决策，为企业的长远发展指引方向。同时，高素质的工商管理人员还需要善于协调和整合资源，确保决策的有效执行和落地。优秀的决策制定者能够使企业把握机遇，应对挑战，保持竞争优势，实现可持续发展。

高素质的工商管理人员能够处理好企业的人际关系，确保信息传递的准确度，做出科学合理的决策，为企业发展提供有力支持。因此，企业应该注重培养和选拔高素质的工商管理人才，不断提升他们的综合素质和专业能力，从而推动企业持续健康发展，实现更大的成功和突破。同时，社会也应该为工商管理人才的培养和发展提供更好的环境和机会，共同推动经济的繁荣与进步。

二、现代工商管理人才应具备的基本素质

（一）思想素质

1. 理论修养

现代工商管理人才应该具备较高的理论修养，包括经济学、管理学、市场学、人力资源管理等方面的知识。他们需要不断学习和研究最新的管理理论和方法，以应对不断变化的市场环境和管理挑战。

（1）经济学基础

工商管理人才需要了解宏观经济和微观经济的原理，理解经济运行规律，从而在决策中能够考虑到经济因素的影响。

（2）管理学理论

工商管理人才需要掌握管理学的各个领域的理论，包括组织管理、战略管理、项目管理等，以提高管理能力。

（3）市场学知识

在市场竞争日益激烈的环境下，工商管理人才需要了解市场规律，研究市场需求和竞争态势，制定有效的营销策略。

（4）人力资源管理

员工是企业最重要的资源，工商管理人才需要了解人力资源管理的原理和方法，吸引和留住优秀的人才，激发员工的工作热情和创造力。

（5）法律法规意识

在企业经营中，工商管理人才需要遵守相关的法律法规，维护企业的合法权益，防范法律风险。

2. 思维方法

工商管理人才需要具备科学的思维方法，包括系统思维、创新思维、问题解决思维等。他们需要从全局的角度看待问题，善于发现问题本质，并能够提出具有创新性的解决方案。

（1）系统思维

现代企业是一个复杂的系统，工商管理人才需要从整体的角度来看待企业的运营和管理，把握各个因素之间的相互关系和影响。

（2）创新思维

在快速变化的市场环境下，工商管理人才需要具备创新意识和创新能力，不断推动企业的创新发展，开拓新的业务领域。

（3）问题解决思维

工商管理人才需要善于分析和解决问题，从多个角度考虑问题，寻找最优解决方案。

（二）道德素质

1. 诚信与正直

工商管理人才应该具备诚信和正直的品质，言行一致，言必行，守信用。诚信是企业与客户、供应商、合作伙伴之间建立信任的基础，也是企业长久发展的关键。

（1）履约诚信

工商管理人才在与客户和供应商进行合作时，应该严格履行合同义务，不违约、不失信。

（2）诚实守信

工商管理人才应该在工作和生活中保持诚实守信的态度，不说谎、不欺骗，树立良好的企业形象。

2. 责任心与担当

工商管理人才应该具备强烈的责任心和担当精神，勇于承担责任，敢于担当重任，不推卸责任，积极投入工作，推动企业发展。

（1）勇于担当

工商管理人才在面对困难和挑战时，应该勇于挑起责任，寻找解决问题的办法，不回避困难，不畏惧压力。

（2）团队合作

工商管理人才应该懂得团队合作的重要性，善于与团队成员合作，共同完成困难任务。

3. 公平公正

工商管理人才应该做到公平公正，不偏袒，不歧视，不以权谋私，处理问题和决策要公正客观，以公平的标准对待每个员工和合作伙伴。

（三）心理素质

1. 抗压能力

工商管理人才需要具备较强的抗压能力，能够在高强度的工作压力下保持冷静和稳定的心态，不被压力影响正常的工作状态。

2. 忍耐力与耐心

现代企业管理充满了复杂性和不确定性，工商管理人才需要有足够的忍耐力和耐心，能够面对各种困难和挑战，不轻易放弃，持之以恒地推动工作。

3. 自信与自尊

工商管理人才需要有一定的自信心和自尊心，相信自己的能力和价值，不轻易受到他人的负面评价或批评的影响。自信的管理者能够更好地应对挑战和压力，积极面对工作中的困难，并且能够更好地激励团队成员，推动企业的发展。

4. 积极乐观

现代企业管理充满了变数和风险，工商管理人才需要保持积极乐观的态度，面对挑战时保持乐观，能够具有更好地应对突发情况的应变能力。乐观的管理者能够给团队成员带来正能量，营造积极向上的工作氛围。

（四）身体素质

1. 良好的健康状况

工商管理人才需要保持良好的健康状况，身体健康才能更好地应对工作的高强度和高压力。健康的管理者能够更加专注和投入工作，不受身体疾病的影响。

2. 精力充沛

现代企业管理工作节奏较快，对管理者的精力要求较高。工商管理人才需要保持充沛的精力，能够持续保持高效的工作状态，不轻易疲劳和倦怠。

3. 心理稳定

身体素质不仅包括身体健康，还包括心理稳定。工商管理人才需要保持心理平衡，不受情绪波动的影响，能够冷静应对工作中的各种情况和挑战。

4. 学习与提升

身体素质也与终身学习和不断提升密切相关。工商管理人才需要保持学习的习惯，不断学习新的知识和技能，提高自身的综合素质。

现代工商管理人才应具备全面的素质。他们需要有扎实的专业知识和理论修养，具备科学的思维方法和创新能力。同时，他们还需要具备良好的道德品质，包括诚信、责任心和公平公正。在心理素质方面，他们需要具备抗压能力、忍耐力和积极乐观的态度。而身体素质方面，健康状况和精力充沛对于工商管理人才的工作效率和表现至关重要。综合这些素质，现代工商管理人才能够更好地应对复杂多变的市场环境，推动企业的发展与创新，为企业在竞争中取得优势和成功奠定坚实的基础。

三、工商管理人才应该具备的能力素质

（一）开拓创新能力

工商管理人才应具备广泛的知识储备，涵盖经济学、管理学、市场营销、财务管理等多个学科领域。只有具备扎实的学科知识，才能够在实际工作中灵活运用，提出新的观点和解决方案。

1.跨学科综合能力

现代工商管理涉及多个学科领域，需要工商管理人才具备跨学科综合能力，能够将不同学科的知识和方法有机结合，为企业提供全面的解决方案。

2.创新思维

工商管理人才应具备创新思维，勇于挑战传统观念，开拓新的思路和路径。只有具备敢于创新的精神，才能在竞争激烈的市场中找到新的机遇和优势。

3.技术应用

现代工商管理涉及大量的信息技术应用，工商管理人才需要具备较高的信息技术水平，能够灵活运用各类管理软件和数据分析工具，提高工作效率和决策水平。

（二）转化能力

工商管理人才应具备敏锐的分析能力，能够从大量信息中提取关键数据，进行科学的数据分析，为决策提供可靠依据。

1.风险评估与控制

在转化过程中，工商管理人才需要能够对各类风险进行准确评估，并采取相应措施进行风险控制。风险管理是企业转化过程中不可或缺的环节，需要管理人才具备较高的风险识别和处理能力。

2.决策权衡

在实际工作中，管理人才需要频繁进行决策，并且有时会面临不同的选择。转化能力要求管理人才能够进行权衡，综合各种因素做出明智决策。

（三）应变能力

在现代商业环境中，危急时刻可能随时发生，工商管理人才需要具备危机意识和危机处理能力，能够在紧急情况下迅速做出反应，并采取有效措施化解危机。

1.灵活性与适应性

应变能力要求工商管理人才具备灵活性和适应性，能够适应复杂多变的市场环境，随时调整策略和计划，应对不断变化的形势。

2.制定预案

工商管理人才需要具备制定应急预案的能力，预测可能出现的问题和挑战，并提前制定相应预案，以便在危机发生时迅速采取措施。

（四）组织协调能力

工商管理人才往往需要领导一个团队，组织协调能力是其成功领导团队的关键。管理人才需要善于激励团队成员，合理分配资源，协调各个部门之间的合作，推动团队共同实现目标。

1. 组织架构设计

工商管理人才应具备组织架构设计的能力，能够根据企业的发展战略和业务需求，合理规划企业的组织结构，明确各部门的职责和权限，确保企业内部协调高效运转。

2. 团队建设

组织协调能力还包括团队建设的能力。管理人才需要懂得如何搭建一个高效的团队，吸引优秀的人才加入，促进团队成员之间的良好合作和沟通，使团队凝聚力和执行力得到提升。

3. 冲突管理

在组织中，不可避免地会出现各种冲突和矛盾。管理人才需要具备冲突管理的能力，能够妥善处理不同利益之间的矛盾，化解内部冲突，保持组织的稳定和和谐。

（五）公关素质

公关素质要求工商管理人才具备优秀的沟通与表达能力，能够与不同背景的人进行有效沟通，清晰表达企业的战略目标和理念，树立良好的企业形象。

1. 媒体危机处理

在现代社会，媒体的影响力日益增大，管理人才需要懂得如何与媒体进行有效的沟通，处理媒体危机，避免负面新闻对企业形象的损害。

2. 社会责任意识

公关素质还包括对社会责任的认知和承担。工商管理人才需要关注社会热点问题，积极参与公益事业，树立具有社会责任的企业形象，赢得公众认可。

第五章 现代企业经营管理经营环境分析

第一节 现代企业经营环境概述

一、经营环境的含义

现代企业经营环境是指企业所处的外部环境和内部环境，包括了各种因素对企业经营和发展产生的影响和制约。外部环境主要包括政治、法律、经济、文化、技术等方面的因素，而内部环境则包括企业的组织结构、管理制度、企业文化等因素。经营环境是一个复杂多变的系统，它对企业的战略决策、经营活动和市场竞争具有重要的影响作用。

（一）外部环境

外部环境是指企业所处的社会经济环境，包括政治、法律、经济、文化、技术等方面的因素。政治环境是指政府的政治体制和政策法规，它对企业经营活动和市场竞争产生直接影响。法律环境是指各种法律法规和司法体制，它规范了企业的经营行为和市场行为。经济环境是指宏观经济政策、市场需求、价格水平等，它对企业的市场定位和战略决策产生影响。文化环境是指社会价值观、文化传统和教育水平，它影响着企业的企业文化和员工行为。技术环境是指科技发展、技术创新和技术水平，它对企业的技术竞争力和产品研发产生影响。

（二）内部环境

内部环境是指企业自身的管理制度、组织结构、企业文化和员工素质等因素。管理制度是企业的管理体系和管理规范，它影响着企业的运营效率和管理效能。组织结构是企业内部各部门和岗位之间的关系和分工，它影响着企业的决策流程和工作效率。企业文化是企业的价值观念、行为准则和组织精神，它影响着企业员工的意识和团队凝聚力。员工素质是指企业员工的知识、技能和态度，它决定着企业的创新能力和竞争力。

二、经营环境的分类

（一）宏观经营环境与微观经营环境

宏观经营环境是指对企业整体经营活动产生影响的环境因素，是企业经营决策的宏观依据。宏观经营环境包括了政治、法律、经济、文化、技术等方面的因素，这些因素通常是由国家政府、社会制度和市场机制所决定的。宏观经营环境的稳定与变化，直接影响着企业的发展战略和市场定位。

微观经营环境是指企业内部的具体经营环境，包括了企业的组织结构、管理制度、企业文化、员工素质等因素。微观经营环境对企业的经营活动和内部管理产生直接影响，它决定着企业的运营效率和管理效能。企业需要根据自身的实际情况，合理调整微观经营环境，以适应宏观经营环境的变化。

（二）内部经营环境与外部经营环境

内部经营环境是指企业自身的管理制度、组织结构、企业文化和员工素质等因素，它是企业内部自主决定和可控制的环境因素。企业需要建立健全内部经营环境，优化组织结构，加强员工培训，营造积极向上的企业文化，以提高企业的竞争力和创新能力。

外部经营环境是指企业所处的外部社会经济环境，包括政治、法律、经济、文化、技术等方面的因素。外部经营环境通常是由国家政府、社会制度和市场机制所决定的，企业对外部经营环境只能做出相应的应对和适应。企业需要不断监测外部经营环境的变化，及时调整经营策略，以应对市场竞争的挑战。

（三）国际经营环境与国内经营环境

国际经营环境是指企业在国际市场中所处的经营环境，包括了国际政治、法律、经济、文化、技术等方面的因素。随着全球化的不断深入，企业的经营环境已不再局限于国内市场，而是拓展至国际市场。国际经营环境与国内经营环境之间存在一系列差异和挑战。

国际经营环境较为复杂多变，受到不同国家政治、法律、文化、经济等因素的影响。国际贸易政策、汇率波动、关税壁垒、文化差异等因素对企业的国际业务产生深远影响。企业在国际经营中需要了解和适应不同国家和地区的市场规则和文化背景，制定灵活的国际化战略，建立有效的国际合作关系。

相比之下，国内经营环境相对稳定和可控。企业在国内市场运营时主要面对国家政策、法律法规的约束，以及来自竞争对手和消费者的市场压力。企业对国内经营环境较为熟悉，可以更加深入了解市场需求，快速做出反应，调整经营策略和产品定位。

（四）静态经营环境与动态经营环境

静态经营环境是指相对稳定和不变化的环境因素。例如，国家的基本政治制度、法律法规，以及一些长期存在的市场需求和文化传统等，这些因素变化较缓慢，对企业的经营影响相对持久。企业在静态经营环境下，可以制订较为长期的经营计划和战略。

动态经营环境是指快速变化和不稳定的环境因素。例如，经济形势的波动、技术的快速更新、市场竞争的激烈程度等，这些因素变化较为迅速，对企业的经营产生较大的不确定性。企业在动态经营环境下，需要灵活应对市场变化，及时调整经营策略和战略，以保持市场竞争力。

三、经营环境的互动影响

现代企业经营环境是一个复杂的系统，其中各个环境因素之间相互关联、相互影响。政治、法律、经济、文化、技术等外部环境因素与组织结构、管理制度、企业文化、员工素质等内部环境因素之间存在紧密联系。宏观经营环境和微观经营环境之间、内部经营环境和外部经营环境之间，都形成了相互作用的关系。

内部经营环境和外部经营环境之间的互动影响也十分显著。企业的组织结构和管理制度决定着企业运营效率和决策效能，而这些方面的优劣又将直接影响企业在市场竞争中的地位。企业文化和员工素质将影响着员工的工作态度和创新意识，从而影响企业的产品质量和服务水平。同时，企业在不断与外部环境互动中，也会逐渐形成独特的企业文化和品牌形象，进而影响着企业的品牌价值和市场地位。因此，现代企业必须全面认识和适应经营环境的复杂性和多样性。在制定经营策略和决策时，要综合考虑外部环境和内部环境的因素，抓住机遇，应对挑战，保持灵活性和创新性，以实现可持续发展和长期竞争优势。

第二节　现代企业宏观环境分析

宏观环境是指影响整个社会和经济的因素，如政治、法律、文化、经济、技术、自然环境等。政治稳定、良好的法治环境、优质的教育和文化环境、健康的经济发展等，对企业的发展都有着至关重要的影响。宏观环境分析可以帮助企业了解政策环境和市场趋势，制定出合理的战略和决策。

一、人口环境分析

人口环境是指人口数量、结构、质量等方面的因素对企业的发展和经营决策所产生的影响。具体来说，可以从以下几个方面进行分析：

（一）人口数量

1. 人口数量的重要性

人口数量是一个地区或国家最基本的人口统计指标之一，它直接关系到该地区的总体规模和市场潜力。对于企业来说，了解人口数量的变化趋势是十分重要的。随着人口数量的增长，市场潜力也会相应增加，这能为企业带来更多的销售机会和发展空间。而人口数量的减少则可能意味着市场需求的下降，对企业来说可能会面临更大的竞争压力和销售压力。

2. 人口数量的变化趋势

在现代社会，许多国家和地区都经历了不同程度的人口数量变化。一些发达国家和地区面临人口老龄化和人口减少的问题，而一些发展中国家则面临人口增长和人口结构年轻化的挑战。这些变化对企业的经营策略和市场定位产生了深远影响。

3. 人口数量对企业的影响

人口数量的变化直接关系到企业的市场规模和销售机会。在人口数量增长的地区，企业可以看到更大的市场潜力和销售需求，因此可以考虑扩大生产规模和增加市场投入，以满足人口数量不断增长的需求。而在人口数量减少的地区，企业需要更加谨慎地调整产品和服务策略，以适应市场需求的下降，同时寻找其他市场和业务机会，以保持企业的盈利状态。

（二）人口结构

1.人口结构的重要性

人口结构是指人口在性别、年龄、职业、教育等方面的构成情况。人口结构的变化直接影响着消费需求和市场需求的差异。不同年龄和职业群体对产品和服务的需求存在差异，因此企业需要根据人口结构的特点来制定不同的市场营销和产品定位策略。

2.人口结构的变化趋势

随着社会的发展，人口结构也在不断变化。许多国家和地区面临着老龄化的趋势，老年人口比重逐渐增加。同时，一些地区也面临着年轻人口比重增加的情况。这些变化对企业的产品设计、销售渠道、品牌形象等方面都产生了影响。

3.人口结构对企业的影响

人口结构的变化直接关系到消费需求的变化。在老龄化地区，企业可以考虑开发针对老年人健康的保健产品和服务；而在年轻人口比重较高的地区，企业可以关注时尚和科技类产品的研发和推广。同时，不同职业群体的需求也存在差异，例如，白领阶层对高品质和便捷性的要求较高；蓝领工人可能更注重价格和实用性。

（三）人口质量

人口质量是指人口的素质、健康水平、文化水平等方面的情况。人口质量的提高可以促进经济发展和市场需求的升级。因此，企业需要根据人口质量的变化来进行产品和服务的创新和提高。

1.人口质量的重要性

人口质量是指人口的素质、健康水平、文化水平等方面的情况。人口质量的高低直接关系到一个地区或国家的发展水平和竞争力。高质量的人口具有较高的教育水平、健康状况和劳动力素质，能够为企业提供更多的高技能劳动力和创新人才，从而推动经济和社会的发展。

2.人口质量的改善与挑战

在现代社会，人口质量的改善是许多国家和地区的发展目标之一。通过加强教育和医疗保健等方面的投入，可以提高人口的文化水平和健康水平。然而，人口质量的改善也面临一些挑战，例如人口老龄化导致的养老问题，人口流动导致的社会稳定问题等。

3.人口质量对企业的影响

高质量的人口对企业的发展具有积极的影响。高教育水平的人才能够为企业带来更多的创新和科技成果，提高企业的竞争力和市场地位。同时，健康水平较高的人口对劳动力的生产效率和稳定性都有利，有利于企业的持续发展和运营。另一方面，人口质量的改善也意味着人口的消费能力和消费需求的提升，这能为企业提供更广阔的市场空间和销售机会。

人口数量的变化决定了市场规模的大小和潜力，人口结构的变化决定了消费需求的差异和市场细分，人口质量的改善决定了劳动力素质和创新能力的提高。同时，人口环境的变化也会带来挑战，例如人口老龄化和人口流动可能对企业经营产生影响。因此，企业需要根据人口环境的变化，灵活调整经营策略，创新产品和服务，以适应不断变化的市场需求，实现企业持续稳健发展。在制定经营战略和业务规划时，充分考虑人口环境的影响，将有助于企业把握市场机遇，提高竞争优势，实现可持续发展。

二、经济环境分析

经济环境是指宏观经济政策、市场需求、价格水平等因素对企业经营活动的影响。经济环境对企业发展具有重要的影响，包括以下几个方面：

（一）宏观经济政策

宏观经济政策是国家调控经济发展的重要手段。货币政策通过调整货币供应量和利率来影响经济活动和通货膨胀水平。财政政策通过调整政府支出和税收来影响国民经济运行和资源配置。信贷政策则直接影响企业的融资成本和融资渠道。宏观经济政策的松紧对企业的经营和发展有着重要影响。例如，货币政策的收紧可能导致企业融资难度加大，投资意愿减弱，从而影响企业的扩张计划和市场竞争力。

（二）市场需求

市场需求是消费者对产品和服务的需求总量。市场需求的变化直接影响企业的销售业绩和盈利能力。消费者需求的增加会带动企业销售增长，反之则会导致销售下降。市场需求的变化还可能导致市场竞争加剧，因此，企业需要灵活调整产品和服务，以满足消费者多样化的需求。此外，市场需求的变化还可能促使企业开发新的市场领域，拓展新的客户群体，从而增加企业的市场份额和竞争优势。

（三）价格水平

价格水平是经济活动中商品和服务的价格水平。通货膨胀和物价上涨会导致企业的成本上升，从而影响企业的盈利能力和市场竞争力。高物价还可能导致消费者购买力下降，影响产品销售。企业需要密切关注价格水平的变化，合理控制成本，采取价格策略，平衡产品成本和市场需求，以确保企业的盈利能力和市场地位。

（四）金融环境

金融环境包括金融机构、金融市场、金融产品等方面的因素。金融机构提供融资支持和金融服务；金融市场提供融资渠道；金融产品包括各种融资工具和保险产品等。金融环境的稳定和发展直接影响企业的融资成本和融资渠道。高效稳定的金融环境有利于企业的融资活动和投资决策，能促进企业的健康发展。另一方面，金融环境的变化也可能导致金融风险的增加，企业需要谨慎管理金融风险，防范金融危机对企业的影响。

（五）国际贸易环境

国际贸易环境是指国际贸易政策、贸易制度、国际竞争等因素对企业的影响。全球化趋势下，国际贸易环境对企业的影响日益显著。企业需要了解和适应国际贸易环境的变化，制定"出海"战略和国际化发展战略。国际贸易环境的变化可能导致市场开放程度的变化，影响企业的出口业务和海外市场开拓。

三、技术环境分析

现代企业经营的技术环境是指科技发展、技术创新和技术水平等因素对企业经营活动的影响。技术环境是一个动态的、不断变化的因素，它直接关系到企业的竞争力、生产效率和产品质量。在信息时代，技术环境对企业的重要性越发凸显，企业需要紧跟技术发展的步伐，不断进行技术创新，以保持竞争优势和适应市场需求。

（一）科技发展对企业经营的影响

科技发展是技术环境中最为重要的方面之一，它涵盖了各个领域的技术进步和科学创新。科技发展对企业经营产生多方面的影响：

1.产品创新和研发

科技发展推动了产品的不断创新，新技术的应用使得企业能够开发出更具竞争力的产品，满足市场不断变化的需求。

2.生产效率提升

新技术的引入和应用，如自动化、智能化等，使得企业的生产效率大幅提升，降低了生产成本，提高了产能。

3.市场拓展

科技发展拓展了企业的市场边界，通过互联网和数字化手段，企业可以拓展全球市场，实现跨境经营和全球化发展。

（二）技术创新对企业经营的意义

技术创新是技术环境中的关键因素，它是企业持续发展的动力和核心竞争力。技术创新对企业经营具有重要意义：

1.提高竞争力

技术创新使企业能够在激烈的市场竞争中占据优势地位，从而获得更多的市场份额和更高的盈利水平。

2.降低成本

技术创新可以优化生产流程，降低生产成本，提高资源利用效率，从而增加企业的盈利能力。

3.创造新商机

技术创新不仅可以改进现有产品，还可以创造全新的商业模式和商机，打破传统产业边界，开辟新的市场空间。

四、社会文化环境分析

社会文化环境是指社会风气、文化背景、社会价值观念等因素对企业经营活动的影响。社会文化环境的变化会引起消费者需求和消费行为的变化，对企业的市场定位、产品设计和营销策略产生重要的影响。

（一）社会文化环境的概述

社会文化环境是企业经营不可忽视的重要因素，它包含了社会风气、文化背景、社会价值观念等方面的因素，能对企业的经营活动产生深远的影响。社会文化环境是一个动态的、复杂的系统，它在不断演变和变化中影响着消费者的需求和行为，进而影响企业的市场地位和竞争力。

（二）社会风气对企业经营的影响

1. 消费行为

社会风气是指社会上普遍流行的思潮和行为方式。不同的社会风气会导致消费者对产品和服务的需求发生变化。例如，环保、健康意识的兴起使得消费者更倾向于购买绿色环保产品。

2. 品牌形象

企业的品牌形象往往受到社会风气的影响。积极正面的社会风气有助于塑造企业的良好品牌形象，提升企业的美誉度和知名度。

3. 企业文化

社会风气对企业文化的形成和发展也有一定的影响。企业需要根据社会风气来塑造自身的企业文化，以适应消费者的需求和市场的变化。

（三）文化背景对企业经营的影响

1. 产品设计

文化背景影响着人们的审美观念和价值取向，从而影响到产品的设计和功能。企业需要根据文化背景来设计符合消费者喜好的产品。

2. 营销策略

文化背景对营销策略的选择和传播方式产生影响。不同文化背景的消费者对广告和宣传的接受程度有所不同，因此企业需要因地制宜地制定营销策略。

3. 消费行为

文化背景也影响着消费者的消费行为。一些文化习惯和传统节日会影响到消费者的购物行为和消费习惯。

（四）社会价值观念对企业经营的影响

社会价值观念强调企业应承担社会责任，关注社会环境和公益事业。企业在经营过程中需要注重社会责任，积极参与公益活动，提升企业的社会形象。

1. 员工招聘和管理

社会价值观念对员工的招聘和管理也有影响。企业需要根据社会价值观念来制订员工的激励机制和员工培训计划，以吸引和留住优秀的人才。

2. 消费者忠诚度

社会价值观念对消费者的忠诚度产生影响。一些消费者更愿意选择那些有社会责任感的企业作为合作伙伴。

社会文化环境是企业经营不可忽视的重要因素。社会风气、文化背景和社会价值观念的变化会直接影响消费者的需求和行为，进而影响企业的市场地位和竞争力。

第三节　现代企业行业结构分析

经营机会分析是指通过对市场需求、消费者行为、竞争对手和产业趋势等因素的分析，发掘出企业所处市场中的潜在机会。经营机会分析可以帮助企业制定出更有前瞻性和创新性的市场策略和业务发展方向。

一、行业竞争分析

（一）行业结构分析

行业结构指不同企业在行业中的市场份额分布情况。行业市场份额的不均衡程度会影响到企业的市场地位和竞争优势，一些市场份额较大的企业往往拥有更多资源和影响力，具备更强的竞争力。

（1）行业市场份额分布

分析行业内不同企业的市场份额，了解市场上的主要竞争者，以及市场份额较大的企业对市场的影响。

（2）市场份额变化趋势

分析市场份额的变化趋势，了解市场份额是否出现集中度增加或分散化趋势，判断行业竞争是否趋于激烈或趋于稳定。

（二）行业生命周期分析

1. 引进期

行业生命周期的引进期是指行业初期，市场上出现了新产品和新技术，竞争程度相对较低，但市场潜力大。

（1）市场规模

分析行业市场规模的大小，判断市场是否处于引进期，并了解市场潜力。

（2）技术水平

分析行业的技术水平和创新能力，了解行业是否出现了新产品和新技术。

2. 成长期

行业生命周期的成长期是指行业逐渐发展壮大的阶段，市场上竞争逐渐加剧，市场份额不断重构。

（1）市场增长率

分析行业的市场增长率，了解行业是否处于成长期，并预测未来市场的增长趋势。

（2）市场竞争

分析行业内不同企业的竞争情况，了解竞争者之间的优势和劣势。

3. 成熟期

行业生命周期的成熟期是指行业市场逐渐趋于饱和，市场增长放缓，市场竞争激烈，企业利润空间有限。

（1）市场饱和度

分析市场的饱和度，了解市场是否处于成熟期，并预测市场的增长空间。

（2）市场份额争夺

分析市场份额的争夺情况，了解企业在成熟期如何争夺更多市场份额。

（三）行业供需关系分析

1. 供给过剩与供给不足

行业供需关系直接影响到行业内产品价格和利润水平。供给过剩会导致竞争激烈，价格竞争加剧，利润下降。

（1）供给过剩原因

分析供给过剩的原因，例如过度扩张、低端竞争等。

（2）供给不足原因

分析供给不足的原因，例如技术限制、原材料短缺等。

2. 需求变化

分析市场需求的变化，了解消费者需求的趋势，判断市场是否面临扩大或缩小。

（1）消费者需求

了解消费者对产品或服务的需求变化，是否出现新的消费趋势。

（2）市场扩张

分析市场的扩张空间，预测未来市场的需求变化趋势。

（四）行业门槛分析

1. 进入门槛

行业门槛是指进入该行业所需要的条件和要求。

（1）资金门槛

分析进入该行业所需的初始投资，了解新企业进入市场所需的资金量，以及行业内资金需求的变化趋势。

（2）技术门槛

分析进入该行业所需的技术水平和专业知识，了解新企业是否需要具备先进的技术能力、才能和竞争力。

2. 竞争门槛

行业竞争门槛是指在该行业中获得竞争优势所需要的条件和要求。竞争门槛的高低直接影响到企业在行业中的地位和竞争力。

（1）品牌优势

分析行业内已有企业的品牌优势，了解新企业是否能够通过品牌建设获得竞争优势。

（2）技术领先

分析行业内技术领先的企业，了解新企业是否需要在技术上进行突破才能在市场中脱颖而出。

（五）行业创新能力分析

1. 技术创新

技术创新是指开发新技术、新产品或新服务的能力。行业内技术创新能力的强弱直接影响到企业在市场中的竞争地位。

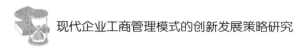

（1）技术研发投入

分析行业内企业在技术研发方面的投入情况，了解技术创新的动力和资金来源。

（2）技术创新成果

分析行业内技术创新取得的成果，了解是否出现了引领行业发展的技术创新。

2.产品创新

产品创新是指开发新产品或改进现有产品的能力。产品创新能力的强弱影响到企业的产品竞争力和市场占有率。

（1）产品研发投入

分析行业内企业在产品研发方面的投入情况，了解产品创新的动力和资金来源。

（2）产品创新成果

分析行业内产品创新取得的成果，了解是否有新产品引领市场潮流。

3.营销创新

营销创新是指开展新的营销策略和方式，包括广告、促销、渠道等方面的创新。营销创新能力的强弱影响到企业的市场营销效果和品牌影响力。

（1）营销策略创新

分析行业内企业在营销策略方面的创新能力，了解是否有新颖的营销策略。

（2）品牌推广创新

分析行业内企业在品牌推广方面的创新能力，了解是否有新的品牌推广方式。

行业竞争分析从行业结构、行业生命周期、行业供需关系、行业门槛和行业创新能力几个方面进行分析，可以帮助企业了解自身在行业中的竞争地位和竞争优势，从而制定合理的经营策略和发展规划。对于企业的经营决策和市场竞争具有重要的参考价值。

二、行业合作关系

行业合作关系是指行业内不同企业之间为了实现共同目标而达成的合作关系。行业合作可以帮助企业共享资源和经验，提高行业内企业的整体竞争力。

行业合作关系通常可以从以下几个方面进行分析：

（一）产业链合作关系

1.供应链合作

产业链上的企业之间通过供应链合作，形成稳定的原材料供应和产品流通，从而保障生产的连续性和效率。例如，汽车制造商与零部件供应商之间的合作关系，供应商提供汽车零部件，确保汽车制造商的生产进程顺利进行。

2.生产流程合作

产业链上的企业之间通过生产流程合作，将各自专业领域的技术和资源融合，提高生产效率和产品质量。例如，电子产品制造商与软件开发商之间的合作关系，软件开发商提供定制化的软件应用，提高电子产品的性能和功能。

3.销售渠道合作

产业链上的企业之间通过销售渠道合作，共同开拓市场，拓展销售渠道，提高产品的覆盖率和销售额。例如，手机生产商与电信运营商之间的合作关系，电信运营商销售手机，并提供通信服务，增加手机的销售量和用户使用率。

（二）技术创新合作关系

1. 研发资源共享

行业内企业通过技术创新合作，共享研发资源和技术成果，避免重复投入和浪费，加快新技术的研发进程。例如，半导体行业内企业之间共同研发新一代芯片技术，提高整个行业的技术水平。

2. 技术交流合作

行业内企业之间通过技术创新合作，开展技术交流和合作研讨会，促进技术创新的交流和分享，推动行业整体的技术进步。例如，医药行业内企业之间开展新药研发经验交流，加快新药研发和上市进程。

3. 专利合作授权

行业内企业通过技术创新合作，进行专利合作和授权，实现技术的互通有无，提高技术的整体水平。例如，电子行业内企业之间进行专利授权，实现技术的共享和融合。

（三）市场营销合作关系

1. 联合营销活动

行业内企业通过市场营销合作，联合举办营销活动，共同开拓市场，提高品牌知名度。例如，运动品牌之间联合推出运动赛事赞助活动，共同宣传品牌形象。

2. 品牌推广合作

行业内企业通过市场营销合作，共同进行品牌推广，加大品牌曝光度和影响力。例如，汽车制造商与媒体合作推出汽车广告宣传活动，提高汽车品牌的认知度。

3 渠道共享合作

行业内企业通过市场营销合作，共享销售渠道，拓展市场覆盖范围。例如，食品企业与超市合作，将产品摆放在超市销售，增加产品的销售机会。

（四）人才培养合作关系

1. 行业人才培训

（1）共同设立培训计划

行业内企业可以共同设立培训计划，包括行业内重要技能和知识的培训课程，为行业内员工提供统一的培训标准和机会。例如，互联网科技企业可以联合设立人工智能培训计划，培养更多的人工智能专业人才。

（2）资源共享

行业内企业可以共享培训资源，包括培训师资、培训设施和教材等，实现资源的优化配置和提高利用效率。例如，制造业企业可以共同合作成立培训中心，共享培训师资和设施，增强培训效果。

2. 行业人才交流

行业内企业可以进行人才交流，让员工在不同企业之间进行轮岗和交流，拓宽员工的视野和经验。例如，金融行业的企业可以进行跨机构的人才交流，让员工了解不同金融机构的运作和管理。

（五）资源共享合作关系

1. 生产资源共享

行业内企业可以共享生产资源，包括设备、生产线和厂房等，实现生产资源的合理利用和共享成本。例如，钢铁行业内企业可以共同合作使用高炉和炼钢设备，降低生产成本。

2. 供应链资源共享

行业内企业可以共享供应链资源，包括供应商、物流和库存等，实现供应链的优化和整合。例如，零售行业的企业可以共同合作使用供应商和物流资源，提高供应链的效率。

3. 市场资源共享

行业内企业可以共享市场资源，包括客户数据库、销售渠道和市场信息等，实现市场资源的整合和共同开发。例如，酒店行业的企业可以共同合作使用客户数据库和预订平台，提高市场覆盖和销售额。

行业合作关系的建立对于现代企业的发展至关重要。通过合作关系，企业可以共同利用资源、技术和市场优势，实现互利共赢。同时，行业合作也有助于推动整个行业的协同发展，提高行业的整体竞争力。企业在进行行业合作时需要注意，合作关系应建立在互信和公平的基础上，同时需要明确合作目标和责任分配，以确保合作的顺利进行和成果的实现。

第四节　现代企业经营机会分析

现代企业经营机会分析是指针对市场、行业、技术和政策等方面的变化，分析企业所面临的机会和发展潜力。对企业进行经营机会分析可以帮助企业制定出更加合理的经营策略，把握市场机遇，提高企业的竞争力和盈利能力。以下是现代企业经营机会分析的几个方面：

一、市场机会分析

市场机会来源于市场需求的增长和变化。现代企业应该密切关注市场的发展趋势，了解消费者需求的变化，抓住市场需求增长的机会。例如，随着人们对健康和环保意识的提高，健康食品和环保产品的市场需求不断增长，企业可以抓住这一机会开发相关产品。

（一）新兴市场机会

在全球化和经济发展的推动下，新兴市场成为现代企业发展的热点。这些市场通常是具有较高增长潜力的发展中国家或地区。新兴市场的机会主要来源于以下几个方面：

1. 人口红利

新兴市场通常拥有庞大的人口基数，其中大部分人口处于生产年龄，这为企业提供了丰富的劳动力资源和庞大的消费市场。例如，中国、印度等国家因其庞大的人口规模成为吸引外国投资和开拓市场的热门目标。

2.经济增长潜力

新兴市场在经济增长方面通常表现出较高的潜力。随着经济的发展和收入水平的提高，消费者的购买力不断增强，推动了各类产品和服务的需求。企业可以通过进入新兴市场，获取更多的机会和增长空间。

3.资源丰富

一些新兴市场拥有丰富的自然资源，如石油、矿产、农产品等，这为资源密集型产业提供了良好的发展机会。企业可以通过与当地企业合作或直接投资，获取这些资源并开发市场。

4.技术需求

一些新兴市场虽然在经济增长方面表现出色，但在技术水平和创新能力方面仍有欠缺。这为技术和科技类企业提供了技术输出和服务的机会。企业可以将先进的技术和产品引入这些市场，满足当地的技术需求。

5.政策支持

一些新兴市场的政府为了吸引外资和促进本国经济发展，会采取一系列政策措施来支持企业的发展。例如，提供税收优惠、减少市场准入壁垒、简化行政手续等，为企业创造良好的投资和发展环境。

（二）数字化转型机会

随着信息技术的快速发展，数字化转型已成为现代企业不可忽视的趋势。数字化转型涉及信息技术在企业内部和外部的全面应用，以提高企业的运营效率、创新能力和客户体验。数字化转型的机会主要体现在以下几个方面：

1.提高运营效率

通过数字化技术，企业可以实现业务流程的自动化和智能化，提高生产和管理效率。例如，企业可以引入物联网技术来实现设备的远程监控和智能化维护，从而减少人力成本和生产停机时间。

2.优化产品和服务

数字化转型可以帮助企业更好地了解消费者需求和反馈，优化产品设计和服务体验。例如，通过大数据分析，企业可以了解消费者的购买行为和喜好，从而推出更符合市场需求的产品和服务。

3.拓展新市场

数字化技术可以打破时空限制，使企业可以轻松进入新的市场。例如，通过互联网和电子商务平台，企业可以跨越国界，拓展国际市场。

4.创新商业模式

数字化转型为企业创新提供了新的可能性。企业可以基于数字化技术创新商业模式，开拓新的盈利模式。例如，共享经济、云计算、区块链等新兴商业模式正在改变传统产业的运营方式和市场格局。

5.提升客户体验

数字化转型可以帮助企业更好地与客户互动，提升客户体验。例如，企业可以通过社交媒体和移动应用与客户进行实时互动，了解客户需求和反馈，从而更好地满足客户的需求。

6. 数据驱动决策

数字化转型可以帮助企业实现数据的全面采集、分析和利用，从而进行数据驱动的决策。通过数据分析，企业可以准确预测市场需求、优化生产流程、精准营销等，提高决策效率和准确性。

7. 个性化定制

数字化转型使得企业可以更好地实现个性化定制。通过数据分析和人工智能技术，企业可以根据客户的个性化需求，量身定制产品和服务，提高客户满意度和忠诚度。

8. 智能物联网

智能物联网的发展为企业带来了新的机会。通过将传感器和物联网技术应用于产品和设备中，企业可以实现设备的智能连接和远程控制，提高生产效率和产品质量。

9. 数字化营销

数字化转型使得企业可以更加精准地进行市场营销。通过在线广告、搜索引擎优化、社交媒体营销等数字化手段，企业可以将广告和推广信息精准传递给目标客户群体，提高营销效果和投资回报率。

10. 智能服务

数字化转型为企业提供了智能化的服务机会。通过人工智能和自动化技术，企业可以提供更加智能化和个性化的客户服务，实现 24 小时无休的全天候服务。

二、技术机会分析

技术的不断创新和进步为企业带来了新的技术机会。现代企业应该密切关注新技术的发展，尤其是人工智能、物联网、区块链等领域的技术应用。例如，人工智能技术在金融行业的应用可以提高风控和客户服务水平。

（一）人工智能技术机会

人工智能（Artificial Intelligence，AI）是一种模拟和模仿人类智能的技术，它在现代企业中具有广阔的应用前景。随着大数据、云计算和算法等技术的不断发展，人工智能正成为企业提高效率、降低成本、改进决策、增强竞争力的重要工具。

1. 智能客户服务

人工智能技术在客户服务领域的应用越来越广泛。智能语音助手和聊天机器人可以实现客户自助服务和快速响应，提高客户满意度，减少人力资源投入。

2. 个性化推荐

利用人工智能技术分析用户的行为和兴趣，企业可以实现个性化的产品和服务推荐。通过精准推荐，企业可以提高用户的黏性和购买率。

3. 智能生产制造

人工智能技术在生产制造领域的应用可以实现生产过程的自动化和智能化。智能机器人和自动化设备可以提高生产效率，减少资源浪费，降低生产成本。

4. 智能营销和广告

通过人工智能技术的数据分析和预测，企业可以更好地了解目标客户的需求和行为，制定精准的营销和广告策略，提高广告投放效果。

（二）物联网技术机会

物联网（Internet of Things，IoT）是将物体与互联网连接，实现信息互通的技术。物联网技术的应用为企业带来了更高效的管理和更智能的服务。

1. 智能家居

随着智能家居设备的不断普及，企业可以提供智能家居解决方案，让用户通过手机 App 或语音助手实现对家居设备的远程控制，提升用户体验。

2. 智能物流

物联网技术在物流行业的应用可以实现货物的实时跟踪和监控，提高物流运输的效率和安全性，降低物流成本。

3. 智能农业

物联网技术在农业领域的应用可以实现农作物的精准浇水、施肥和病虫害监测，提高农业生产的效率和产量。

4. 智能城市

物联网技术在城市管理中的应用可以实现城市交通、环境、能源等方面的智能化管理，提升城市的可持续发展和居民生活质量。

三、竞争机会分析

竞争对手的变化为企业带来了新的竞争机会。现代企业应该密切关注竞争对手的动态，抓住竞争对手变化的机会。例如，竞争对手退出市场，企业可以扩大市场份额。

（一）差异化竞争机会

1. 定位独特性

差异化竞争的首要任务是确定独特的市场定位。企业需要通过深入市场调研和了解消费者需求，找到目标市场中尚未被满足或存在缺失的需求点。例如，一些消费者对环保和可持续性产品的需求不断增加，企业可以以绿色环保为特色，推出符合这一市场需求的产品线。

2. 产品创新

差异化竞争需要企业在产品设计和功能上做出创新。通过技术研发和产品设计，提供独特的产品体验，满足消费者的特殊需求。例如，智能手机市场竞争激烈，一些企业通过推出折叠屏手机、全面屏设计等创新功能，赢得了消费者的关注和好评。

3. 品牌塑造

品牌塑造是差异化竞争的重要手段。企业需要在品牌传播和推广中突出自身的独特价值观和文化特色，吸引目标消费者的认同。例如，苹果公司在品牌塑造中强调简约、高端和创新的形象，成功塑造了独特的苹果品牌。

（二）国际市场机会

1. 全球市场需求

随着全球化进程的推进，国际市场的需求潜力不断增大。企业应该关注全球市场中的新兴需求和趋势，寻找适合自己产品和服务的国际市场。例如，中国市场对高品质食品的需求不断增长，许多国际食品企业将目光投向中国市场。

2. 资源优势

国际市场机会不仅在于市场需求，还在于资源优势。一些国家拥有独特的资源和技术优势，可以成为企业拓展国际市场的重要合作伙伴。例如，中国在制造业和电子科技领域具有一定的资源和技术优势，吸引了许多跨国企业进入中国市场。

3. 政策支持

国际市场机会还受到国家政策和国际贸易环境的影响。一些国家为吸引外资和促进国际贸易提供了一系列的政策支持和优惠措施。企业可以根据国际贸易政策和法规，选择适合自己发展的国际市场。

4. 全球合作伙伴

进军国际市场需要充分利用全球合作伙伴的资源和渠道。企业可以通过与国际贸易公司、外贸代理商等合作伙伴建立稳定的合作关系，实现共赢。同时，企业还可以通过参加国际展会和行业交流活动，拓展国际市场合作机会。

差异化竞争机会和国际市场机会是现代企业在激烈竞争环境中寻找突破和发展的重要方向。企业应该注重市场调研和战略规划，在产品、品牌和市场定位等方面进行差异化竞争，同时积极拓展国际市场，寻找新的增长点和合作机会，提升自身的竞争力和市场份额。通过差异化竞争和国际化发展，现代企业可以实现可持续发展和获得长期竞争优势。

四、合作计划分析

现代企业可以与产业链上下游企业进行合作，实现资源共享和优势互补。例如，汽车制造商与零部件供应商可以建立产业链合作关系，提高汽车生产效率和品质。

（一）技术创新合作

1. 联合研发项目

技术创新合作可以是企业与科研机构、高校等合作伙伴共同开展联合研发项目。通过合作，企业可以充分利用科研机构和高校的科研资源和专业知识，推动科技成果的转化和应用。例如，新能源汽车制造商可以与电动汽车技术研究院合作，共同研发新型电池技术，提高电动汽车的续航里程和充电效率。

2. 技术转让与许可

技术创新合作还可以通过技术转让和许可的方式进行。企业可以将自身拥有的专利技术或核心技术授权给合作伙伴使用，同时也可以从合作伙伴处获得其他关键技术的许可。例如，一家生物制药企业可以与其他企业签订技术许可协议，获得其他药物研发技术的使用权，加快新药物的研发进程。

3. 共享研发资源

技术创新合作可以帮助企业共享研发资源和经验。合作伙伴之间可以共同组建研发团队，共享研发设施和设备，共同解决技术难题。例如，航空航天领域的企业可以与航空院校合作，共同利用飞行模拟器和试验场地，进行飞行器性能测试和改进。

（二）市场营销合作

1. 共同市场调研

市场营销合作可以通过共同市场调研来了解消费者需求和市场趋势。合作伙伴可以共同委托市场调研机构进行调查，收集有关市场的数据和信息，为企业制定市场营销策略提供依据。例如，两家快消品企业可以共同进行市场调研，了解消费者对于某种产品的偏好和购买意愿。

2. 联合促销活动

市场营销合作还可以通过联合促销活动来提高产品的知名度和销量。企业可以共同举办促销活动，进行联合广告宣传，吸引更多消费者的关注和参与。例如，两家服装品牌可以联合举办时尚秀，展示各自的最新款式，吸引潜在消费者的目光。

3. 共享销售渠道

市场营销合作可以帮助企业共享销售渠道和客户资源。合作伙伴可以通过共同的销售网络和渠道，将各自的产品和服务推向更广泛的市场。例如，两家电子产品企业可以共享线上线下的销售渠道，扩大产品的覆盖范围。

（三）跨界合作

1. 跨界研发创新

跨界合作可以促进不同行业之间的研发创新。企业可以通过与其他行业的企业合作，将不同领域的技术和经验相结合，推动新产品和新技术的发展。例如，医疗器械企业可以与机器人技术企业合作，开发智能化的医疗机器人。

2. 资源整合

跨界合作可以实现资源的整合和优势互补。企业可以通过与其他行业的企业合作，实现生产、销售、物流等方面资源的整合，降低成本，提高效率。例如，汽车制造商可以与电动车充电桩运营商合作，共同打造完善的电动车充电网络。

3. 创新业务模式

跨界合作可以带来创新的业务模式。不同行业之间的合作可以促进新的商业模式的产生，拓展市场边界，创造新的盈利机会。例如，共享经济模式就是不同行业之间合作的创新产物，通过共享资源和服务，满足消费者个性化的需求。

第五节　现代企业经营风险分析

现代企业经营风险分析是指对企业在经营过程中可能遇到的各种风险进行分析和评估，从而制定出相应的风险管理策略和应对措施。经营风险是企业在经营过程中必然会面临的风险，只有通过科学合理的风险分析和管理，才能最大限度地降低风险带来的损失和影响。以下是现代企业经营风险分析的几个方面：

一、市场风险分析

市场风险是指企业在市场营销和销售过程中可能遇到的风险，如市场需求变化、竞争加剧、价格波动等。企业可以通过市场调研和分析，及时掌握市场变化和趋势，制定出相应的市场策略和应对措施，降低市场风险带来的影响。

（一）市场营销风险的概述

市场营销中的风险管理是在风险辨识、考量及评估、应对等环节中对存在的风险展开针对性的措施，借助风险管理来促进企业经济效益的提升，并能减少损失的浪费。实施市场营销风险管理能让企业正确地应对风险要素，提出有针对性的解决措施，积极地应对并解决问题，增强企业与外部市场环境的沟通与交流，促进企业市场营销资源的合理配置，从而推动企业的可持续发展。而在现阶段的社会经济发展前提下，有一部分企业在进行生产经营中，较为侧重新技术的创新、产品的研发及市场的开发，忽略了市场营销中存在的风险，并错误性地认为市场营销中的风险管理没有存在的必要，将市场营销风险管理置放在附属性的地位中，没有将其纳入企业长远发展的规划当中，造成了企业中的风险逐渐增大，严重损害到企业风险评估与处置能力，造成了企业的巨大损失，制约了其发展。基于此，增强企业中的市场营销风险管理成为目前企业管理中的重要部分之一。

作为企业营销管理中的一个组成部分，风险管理能够反映在营销管理的实际行动中，促进企业营销管理能够使企业在新环境的背景下顺应时代的发展与变化，满足新时代对企业发展的要求。而且企业加强风险管理，能够让企业认识到自身发展中存在的风险及管理问题，进而及时解决存在的风险问题，达到规避风险的效果，推动企业营销活动的顺利实施。

（二）企业市场营销风险的来源分析

企业是市场经济发展主体，在营销中的风险来源具有诸多因素，企业要能全方位地掌握市场营销中风险的来源，才能更好地提升企业应对市场营销中风险的能力，制定出具有针对性与有效性的策略。而在企业市场营销中风险的来源，主要涵盖了以下几种类型：

1. 与企业产品相关的风险

企业产品是企业生存与发展的基础条件，任何企业的产品在市场上的受欢迎程度与声誉对企业管理都是至关重要的。然而实际上，诸多企业的产品都具有一定的问题，这给企业发展带来了营销风险，如食品一旦出现质量问题，就会引起市民的恐慌，从而造成营销风险的出现。产品更新速度较慢，也会造成无法适应现代社会消费群体的需要，造成产品积压的问题。因此，企业需要在管理中充分关注产品相关风险，只有这样才能更好地解决营销上存在的问题。

2. 营销渠道上的风险

作为企业实现战略目标的重要平台，增强对营销渠道中的风险控制具有十分重要的作用。而在营销渠道上的风险包含了经销商风险，部分经销商在销售产品中缺乏有效的管理经验与新的营销理念；产品储存与运输风险，企业中的仓储与运输等都委托给物流企业，不能确保产品的安全；以及在产品销售回收上存在的风险等。

3. 开展促销活动上的风险

随着市场竞争的日益激烈，诸多的企业开始意识到与现有客户、潜在客户沟通的重要性。他们借助多样化的促销活动来吸引消费者，影响着消费者的态度与喜好，并不断地说服客户购买产品，让客户能够对企业和产品留下良好的印象。同时在相互沟通与推广活动下，还要能实现企业的预期目标。企业促销要是在营销规划和市场研究上目标不明确，会导致促销活动不能发挥出相应的作用，给企业的声誉与资金带来了不必要的损失。

4. 企业管理者存在风险

管理者在企业经营中扮演着重要角色，是制定企业未来发展战略、引领企业发展方向和促进企业经济效益提升的决策者，所以说其综合素养与市场营销风险意识上有着相关的联系。管理者的综合素养较高，会准确地辨认出企业在发展中隐藏的风险，进而及时地做出相关的处理，有效地规避市场营销风险给企业发展带来的负面影响。与之相反的是企业管理者综合素质较低，会导致管理者不能有效地辨认出企业中存在的风险问题，造成风险应对措施存在滞后性的特点，不能有效地预防市场营销带来的风险，会给企业发展带来严重的损失。

5. 企业员工造成的风险

员工是能确保企业正常经营与运行的组成要素之一，员工在企业发展中的薪资水平、发展前景与个人价值实现与否都直接关系着企业的长远发展。一旦企业内部员工流动性较大，就会直接制约企业的稳定发展，造成员工的忠诚度下降，导致市场营销处在被动地位，并影响到与客户之间的关系，有着较大的风险。

（三）企业市场营销风险产生的原因

造成市场营销风险的产生有主观原因也有客观原因：

1. 主观原因

造成市场风险的原因有几个层面，首先是由于管理层的发展及对风险认识的不足，传统营销理念较为落后，在思维模式与行为上不能符合现代社会的发展，且也没有重视到企业发展中可能存在的风险，对企业市场营销风险采取着放任和侥幸的态度，不能树立起"防患于未然"的意识，所采取的风险应对措施上也具有相应的问题。

其次是因为企业决策者带有浓厚的个人主观意识，在进行市场营销中的风险辨别、评估及应对措施上侧重为主观判断，缺乏客观性与宏观性，导致发现采取的措施不能解决问题时，已经为时已晚。

最后是因为企业中的市场营销人员没有正确地认识到市场规则，没有对其进行深入了解，并且没有正确地认识到市场营销中在不同行业、不同产品、不同服务等方面存在着区别，没有认识到只有在深入了解市场规则后才能严格地进行区分。事实上，营销人员没有及时地学习有关规则，导致违反市场规则的问题经常产生，加上由于营销人员在防范风险的意识和警惕性上都较低，也导致了风险的产生。

2. 客观原因

市场营销活动会受到外界诸多因素的影响与干扰，从而导致市场营销风险的产生。

针对此问题，首先是市场需求环境的变化。由于我国经济发展的速度加快，经济活力体现出了持续增强与后劲充足的趋势，市场需求呈现出了较为明显的差异性与个性化。同时，市场需求的变化下，市场中的风险越来越多，需求也发生了转变：低层次转向了高层次的发展；数量追求转变为质量追求；群体需求向个性需求的转变等。因此，企业一旦无法认识其具有的客观性，会直接导致企业面临着严重的市场营销风险。

其次是经济与政策变化产生了相应的风险。在国内外经济形势转变之下，为了能有效地应对经济形势的发展，国家在政策上实施了相应调整，以此来让经济紧缩与扩大以实现平衡。基于此，企业营销需要及时调整策略，抓住机遇，顺应经济的发展。而在此基础上也会面临着诸多的风险，营销难度也会呈现出上升趋势。

再次是科技发展产生的风险。科技发展虽然为企业的营销提供了丰富多样化的手段与方法，促进了营销活动朝着便捷方向持续发展，推动了营销的思想。但是科技的进步同样也会让传统的技术面临着更新与被淘汰的威胁，无法利用现代化技术优化营销架构，会给企业营销带来威胁。加上因为企业信息化建设的缺失，导致企业无法及时地判断外部市场的需求，在信息的收集上（如对消费者、供应商、竞争对手等信息收集）存在着不全面的现象，造成企业无法衡量自身在市场上的定位，无法制定出应对市场营销风险的措施，同时还会导致市场营销活动判断错误，致使错误决策的产生。

最后是其他外部因素带来的风险。政治、军事等因素都会对市场营销产生间接风险。国家的内部政治环境的变化、国与国之间的关系，也会直接导致国内营销风险和国际营销风险的产生。

二、技术风险分析

在现代企业中，技术风险是一种不可忽视的因素，它可能对企业的研发和创新活动产生重要影响。尤其对于高科技企业来说，技术风险的挑战更为严峻。本书将对技术风险进行分析，着重探讨高科技企业在技术开发、技术应用和产品生命周期等方面所面临的不确定性和挑战。

（一）技术开发的不确定性

技术开发是高科技企业最核心的活动之一，但其中存在着许多不确定性。首先，技术开发的目标是否能够实现是一个重要问题。在面对新的技术挑战时，企业可能面临着技术瓶颈和难以预测的技术难题。技术开发涉及复杂的科学原理和技术手段，不同的技术路径可能导致不同的结果。因此，在技术开发过程中，企业需要进行充分的技术调研和风险评估，以确定最合适的技术方向。

（二）技术应用的可行性

一旦技术开发成功，高科技企业还需要面对技术应用的挑战。即使技术在实验室阶段取得了成功，将其应用到实际产品中仍然面临许多不确定性。工艺技术条件是否成熟到可以顺利实现产品化是企业研究成果产品化过程中面临的主要风险。技术应用需要考虑到市场需求、成本控制、生产可行性等多方面因素，如果这些条件无法满足，技术的商业化应用可能面临很大的挑战。

（三）产品生命周期的不稳定性

高科技行业的激烈竞争，技术的快速迭代和创新使产品的生命周期存在极大的不稳定性。技术的突变会使产品随时遭到市场的淘汰，从而形成了极大的技术风险。企业需要预测技术的发展趋势，及时调整产品战略和研发方向，以应对市场的变化。同时，企业还需要建立灵活的组织结构和创新机制，使其能够快速响应技术变革，保持竞争优势。

面对技术风险，高科技企业需要采取一系列的措施来降低其带来的影响。首先，企业需要加强技术调研和风险评估，确保技术开发的目标是可行的和可实现的。其次，企业应建立科学的技术创新体系，鼓励员工进行创新性工作，促进技术的不断更新和进步。此外，企业还可以与其他企业进行合作，共享技术资源，降低技术风险。

技术风险是高科技企业在技术开发和应用过程中面临的挑战。通过科学的技术调研和风险评估，以及建立创新性的技术创新体系，高科技企业可以降低技术风险，保持竞争优势，实现可持续发展。只有在不断创新和适应技术变化的过程中，企业才能在激烈的市场竞争中取得成功。

三、财务风险分析

财务风险是指企业在资金运作和财务管理过程中可能遇到的风险，如资金紧张、资金成本上升、汇率波动等。企业可以通过制定出合理的资金管理策略和财务规划，降低财务风险带来的影响。

（一）财务风险的类型

1. 偿债风险

偿债风险是指企业在到期日无法按时偿还债务本息或无法满足债务的还本付息义务。这可能导致信用评级下调、违约风险增加，进而影响企业融资成本和市场声誉。

2. 流动性风险

流动性风险是指企业在短期内无法满足到期债务和日常运营所需的资金需求。若企业面临资金短缺，可能导致债务违约，损害企业的信誉和运营利益。

3. 汇率风险

汇率风险是指企业由于外汇汇率波动导致的财务损失。若企业涉足跨国经营或进行国际贸易，汇率波动可能导致进出口成本增加或收入减少，影响企业盈利能力。

4. 利率风险

利率风险是指企业由于利率变动导致的财务影响。例如，若企业存在大量浮动利率债务，利率上升可能导致债务成本上升，增加企业财务负担。

（二）财务风险分析方法

1. 财务比率分析

通过财务比率分析，可以对企业的偿债能力、流动性、盈利能力和成长性等方面进行评估。常用的财务比率包括流动比率、速动比率、资产负债率、净利润率等。通过比较历史数据和同行业数据，可以评估企业的财务风险状况。

2. 现金流量分析

现金流量分析是对企业现金流量的收入和支出进行评估。通过现金流量预测和现金流量敏感性分析，可以评估企业面临的流动性风险和偿债风险。企业应合理规划现金流量，确保足够的流动性储备。

3. 风险敞口分析

风险敞口分析是评估企业面临的市场风险，如汇率风险和利率风险。通过对相关敞口进行测算和模拟，企业可以制定合理的对冲策略，降低财务风险带来的不利影响。

第六节　现代企业市场营销环境分析

市场营销环境是指在市场营销管理职能范畴之外，对企业的市场营销活动产生影响的一系列不可控因素的总和。这些因素包括经济、政治、法律、社会、文化、技术与创新等各个方面，它们共同构成了企业经营的外部环境。市场营销环境的特点在于其动态性和复杂性，对企业的决策和战略制定具有重要影响。

一、经济环境对市场营销的影响

（一）国内生产总值（GDP）的波动

国内生产总值是一个国家或地区经济活动的总量指标，对企业的市场营销产生重要影响。高 GDP 增长通常意味着市场规模扩大和消费者购买力增强，有利于推动企业产品销售。反之，低增长或衰退时期可能导致消费者信心下降，企业需要采取相应策略，如调整定价或创新产品，以适应市场变化。

1. GDP 增长与市场规模扩大

经济的增长通常伴随着 GDP 的增加，这意味着市场规模有望扩大。在经济繁荣时期，消费者的购买力增强，他们更愿意购买更多的商品和服务。对企业而言，这是一个良好的市场营销机遇，可以通过拓展销售渠道、增加广告宣传等方式提高市场份额。

2. 低增长或衰退时期下的市场应对

经济也会出现周期性的低增长或衰退，这会对市场营销产生不利影响。在这种情况下，消费者的购买力可能下降，他们更加谨慎地进行消费，尤其是对于高价值的产品和服务。企业需要审慎评估市场需求变化，可能需要调整定价策略，开展促销活动或提供增值服务，以吸引消费者购买。

3. 地区差异与市场定位

另外，不同地区的经济增长水平可能存在差异，这对企业的市场营销战略也带来了挑战。一线城市通常拥有更高的消费能力和更广阔的市场，但竞争也更激烈。相比之下，二三线城市可能具有更高的潜在市场增长，但消费者的偏好和需求可能与一线城市有所不同。企业应根据不同地区的市场特点，灵活调整产品定位和营销策略，以最大程度地满足不同地区的消费者需求。

（二）通货膨胀与物价上涨

通货膨胀率和物价上涨会影响消费者购买力和消费行为。在高通货膨胀时期，企业可能面临成本上升的挑战，需要审慎定价，以保持竞争力。同时，消费者可能减少非必要性支出，对高价值产品和服务的需求可能减少，因此企业需要关注市场需求变化，优化产品组合。

1. 消费者购买力下降

通货膨胀率的上升意味着货币贬值，消费者购买力受到影响。当物价上涨超过收入增长时，消费者在购买商品和服务时会面临更大的压力。在这种情况下，消费者可能减少非必需品的消费，转而选择低价位的产品，对高价值产品的需求可能下降。

2. 企业成本上升

通货膨胀还会导致企业的运营成本上升。原材料价格上涨、人力成本增加等都会增加企业的生产和经营成本，这可能会对企业的盈利能力和定价策略产生影响。在这种情况下，企业可能需要考虑提高产品售价，但要权衡消费者对价格敏感度，避免失去市场份额。

3. 调整营销策略

面对通货膨胀和物价上涨，企业需要调整其营销策略，以适应市场的变化。一种可能的策略是推出更多的经济实惠型产品，满足消费者对价格敏感的需求。另外，企业可以通过优惠活动、促销策略和增值服务等方式提升产品的性价比，增强消费者对品牌的忠诚度。

二、社会文化环境对市场营销的影响

（一）消费者价值观和生活方式

消费者价值观和生活方式是社会文化环境中的重要组成部分，对企业的市场营销产生深远影响。随着社会的变迁，消费者对产品质量、品牌声誉、环保和社会责任等因素的重视程度在增加。企业需了解消费者的价值观和需求变化，通过产品差异化和品牌定位，满足消费者多样化的需求。

1. 对品牌和企业社会责任的关注

随着社会文化的变迁，消费者对企业的社会责任和品牌价值观的关注日益增加。他们更加关心企业是否具有环保意识、是否积极回馈社会等方面。企业应该积极展示自己的社会责任，并将这些价值观融入市场营销中，以增强品牌形象和吸引消费者。

2. 多样化的消费者需求

社会文化环境的多样化也导致消费者需求的多样化。消费者对产品的需求越来越个性化，他们更加追求与众不同的消费体验。在市场营销中，企业需要通过市场调研和消费者洞察，了解不同群体的需求，精准定位目标市场，提供符合其需求的产品和服务。

（二）多元文化和国际化趋势

全球化和多元文化趋势使得市场变得更加多样化和复杂化。企业在市场营销中需要考虑不同文化背景和习惯，定制适应性强的产品和营销策略。此外，国际化竞争也加剧了企业的市场营销压力，需要在全球范围内建立有效的市场营销网络。

1. 跨文化营销挑战

随着全球化的推进，市场变得更加国际化和多元化。企业在进行跨国市场营销时，需要面对不同文化背景、价值观和消费习惯的挑战。跨文化营销需要对目标市场进行深入了解，避免文化冲突和传播误解，建立符合当地文化的品牌形象。

2. 国际市场机会

多元化和国际化趋势也为企业带来了更广阔的市场机会。在全球市场上，企业可以通过跨境电商、国际品牌合作和本土化营销等方式拓展市场份额。然而，进军国际市场也面临着文化适应、法律合规和市场竞争等挑战。企业需要制定针对不同国家和地区的市场营销策略，灵活应对各种复杂情况，以获得国际市场的竞争优势。

三、技术与创新环境对市场营销的影响

（一）科技进步与数字化转型

技术进步和数字化转型为市场营销带来了新的机遇和挑战。通过大数据分析、人工智能和云计算等技术应用，企业能够更好地了解消费者需求和行为，实施精准的市场营销策略。同时，消费者的数字化行为也增加了企业与消费者互动的机会，强化品牌形象和忠诚度。

1. 数据驱动的市场营销

随着科技的进步，企业可以利用大数据分析和人工智能等技术，深入了解消费者的行为和偏好。通过数据驱动的市场营销，企业能够进行精准定位、个性化推荐和精细化营销，提高市场营销效率和准确性。

2. 线上线下融合营销

数字化转型使得线上线下渠道融合成为可能。企业可以通过线上线下联动的方式，为消费者提供一体化的购物体验。线上线下融合营销还可以增加消费者的互动和参与度，增强品牌与消费者之间的连接。

（二）产品与服务创新

技术创新为企业提供了开发创新产品和服务的可能性。不断创新和研发有助于企业在竞争激烈的市场中保持竞争优势。通过结合技术创新和市场洞察，企业可以满足消费者不断变化的需求，增强市场占有率。

1. 创新驱动的市场竞争

技术与创新环境推动企业进行产品和服务的创新。不断创新的产品和服务有助于企业在市场中保持竞争优势，满足消费者不断变化的需求。创新驱动的市场竞争激烈，企业需要不断投入研发和创新，以保持市场领先地位。

2. 可持续发展和绿色营销

随着环保意识的提升，消费者对可持续发展和环保产品的需求增加。在技术与创新环境下，企业可以通过推出绿色产品和环保服务，强调企业的社会责任，吸引更多具有环保意识的消费者。

在竞争激烈、变化迅速的市场环境中，企业应密切关注经济形势和消费者需求的变化，灵活调整市场营销策略。同时，企业应抓住技术与创新的机遇，利用数据驱动的市场营销和产品创新，提升市场竞争力和持续发展能力。只有在不断适应和应对多元化的市场环境中，企业才能取得长期的发展和成功。

第六章　现代企业工商管理的现实制约

第一节　现代企业工商管理基础薄弱

在社会主义市场经济环境下，部分企业的工商管理的基础薄弱，无法采取有效合理的策略推动企业创新发展。究其原因，主要是企业对工商管理工作的重视程度低，相关工商管理培训不到位以及相关工作人员的学习热情不高，缺乏专业的企业管理人才，不能真正发挥现代企业工商管理工作的时效性。

一、组织架构不清晰

组织架构是企业管理中最基本的元素之一，也是企业能否有效管理的基础。然而，很多企业在组织架构方面存在不规范、不清晰的问题。例如，企业内部职责不明确、管理层级太多等，这些都会导致企业内部沟通不畅、决策效率低下等问题，进而影响企业的经营和发展。以下是企业组织架构不清晰的一些常见问题：

（一）职责不明确

企业组织架构不清晰，容易导致部门职责不明确，重复劳动，甚至产生职责纠纷。在企业运营过程中，如果职责不明确，员工容易出现分工不清、责任不明等问题，这将导致员工效率低下，影响企业的生产和运营效率。

（二）层级过多

企业组织架构不清晰，往往层级过多，决策效率低下。企业需要经过一个个层级才能够做出决策，这将导致企业在决策过程中浪费大量时间和资源，影响企业的发展和竞争力。

（三）信息不畅通

企业组织架构不清晰，往往导致信息不畅通，信息无法共享。信息不畅通将导致企业内部信息传递滞后，部门之间难以协调配合，进而影响企业的运营效率。

（四）管理混乱

企业组织架构不清晰，管理混乱是常见的问题之一。企业管理混乱将导致企业在管理过程中难以做出合理的决策，进而影响企业的发展和竞争力。

二、流程管理不规范

流程管理是企业管理中的重要环节，对于企业的生产效率和质量控制具有重要作用。然而，很多企业在流程管理方面存在不规范、不科学的问题。例如，企业缺乏标准化的流程管理体系、流程与岗位职责不匹配等，这些都会导致企业生产效率低下、质量难以保证等问题，影响企业的发展。

第一，岗位职责不清，出现问题时不知道由谁负责。例如，由于车间调度员岗位职责不清，加工后的零组件负责人不明确，流转缓慢，影响到生产活动的正常开展。

第二，业务流程不明，部门间进行业务协作时，业务步骤之间的衔接不明晰，管理过程无据可循。

第三，制度执行不严，部分流程在执行中被人为变更。例如，采购管理制度中规定，采购付款前需财务总监先审核厂长后审批，实际却是厂长审批后才由财务总监审核。但是，财务总监审核发现问题单据并退回修改后还需厂长再次审批，由于厂长审批耗时较长且多次审批，导致采购付款进度延迟。

第四，业务标准不详，业务流程流转时，各步骤需要符合哪些规则，达到什么样的要求，缺少具体可量化的业务标准规定。

第五，绩效考核流于形式。例如，市场部虽有考核科研生产部的职责，但科研生产部经常自行修改部门指标并报公司人资部审核备案，使得与之相衔接的市场部考核方案无法执行。

综上所述，制度依据的不足和业务标准的缺失使得业务流转不严密，再加上岗位职责不清以及绩效考核有效性缺失，导致问题出现时部门之间相互推诿扯皮，影响业务执行效率。要解决这些问题，需以流程为核心，建立制度、标准、职责和考核之间的协同关系，构建一套严密高效的业务管理体系，有效解决上述各类问题，提高业务执行力。

三、信息化程度不高

信息化是企业管理中的一个重要方面，信息化程度的高低直接影响着企业的管理水平和效率。然而，很多企业在信息化方面存在不足之处。例如，企业信息化水平低、信息化设备陈旧、信息化管理不规范等，这些都会导致企业的管理水平不高、决策效率低下等问题，影响企业的发展和竞争力。

（一）信息化时代工商企业管理信息化的重要性

随着现代信息技术、互联网在各个领域中的应用、普及，社会已然步入信息化时代。工商企业管理信息化建设主要是将工商企业管理工作与计算机、信息技术相关的科技融合、整合起来，依托互联网平台、计算机系统等提高企业的工作效率，并对与工商管理相关的信息进行有针对性的分析、处理与综合，便于工作人员共享信息、检索信息，建立更为先进、完善的企业管理流程。因此，工商企业管理信息化建设不仅要利用科技来完善企业管理流程，还要依托现代科技促进企业整体改进、可持续发展。从企业发展角度来看，信息化时代工商企业管理信息化的重要性主要体现在以下几个方面：

第一，与传统管理工作、模式相比，计算机、互联网以及信息技术在工商企业管理中的应用具有提高信息处理准确性、提升工作效率等优势，还可以避免遭受外界环境、工作人员自身素质的干扰，使得企业工作人员能更为轻松地检索所需资料。

第二，现代科技的应用有利于简化管理流程、提升企业管理水平。工商企业管理涉及的内容、环节、信息非常广泛且复杂，一旦某个环节出现问题，就会引发恶性循环，进而造成难以挽回的损失。此外，随着工商企业管理工作数量、任务的增加，企业若是无法提高工作效率，就会影响整体发展效果。将现代信息技术、互联网、计算机系统与工商企业管理结合起来，既有利于工作人员利用现代技术精简办事流程，加快信息互动与沟通，提高工作效率，又能便于管理人员利用计算机技术对团队进行管理，更为全面、高效地收集各个方面的管理意见，加强对问题的分析与整改，提高企业自身管理水平。

第三，工商管理信息化建设顺应时代发展，能为企业可持续发展奠定基础。现如今，信息技术的发展水平与社会生产、生活的发展并不协调统一，信息技术发展速度显然快于社会与经济发展速度，企业需要通过信息技术来进一步推动社会与经济发展。在此背景下，企业需要与时俱进，通过加快工商企业管理信息化建设来提高自身的核心竞争力，并通过信息化建设进一步细分传统的管理方法，调整企业管理内部框架与具体流程，为社会生产提供充分保障，奠定企业可持续健康发展的基础。

（二）信息化时代工商企业管理信息化建设的现状

企业应用信息技术开展工商管理工作，可以让工作队伍得到强化，并使其管理职能得到有效提升。另外，信息化建设在提升工作技术水平方面也能起到无可替代的重要作用。在当前时代背景下，工商企业管理整体较为复杂，想要促进工商管理信息化发展，就必须要提升企业对内部相关资源的利用效率和利用效果。然而，大多数企业对工商管理信息化的认识与重视程度有限，工商管理信息化建设面临诸多问题。

1.信息化建设进度缓慢

随着信息技术在各个领域的应用与普及，大多数企业都意识到了信息技术、互联网的重要性，但仍旧有一部分企业对工商管理信息化建设缺乏正确且全面的认识，无论是信息化建设相关体制机制，还是企业内部相关管理条例，都没有与信息化建设相对应的内容，这就导致企业内部阻碍信息化建设的障碍较多。

例如，管理层全凭自身经验开展管理工作，对管理信息化体系的应用缺乏积极性、主动性；部分管理层长期受官本位思想的影响，不注重构建内部工商管理部门框架体系，不重视信息化建设与发展，严重阻碍了工商企业管理信息化建设进程；管理层对信息化建设缺乏完整的认识，导致信息化建设停留在网络设置、管理软件开发等浅层水平上，且部分企业尚未优化与完善相关的组织架构和业务流程，以致信息化活动起到的效果并不理想，亟待引进新的管理思想来改变这一现状。

2.难以彰显信息化的优势

与计划经济相比，市场经济对工商企业管理的要求更高。特别是在信息化时代背景下，大部分企业现有管理人员的信息素养、信息应用水平相对较低，无法高效地应用相关信息化技术落实管理工作，导致无法在管理中彰显信息化相关优势，也就难以帮助企业在当前经济环境下实现稳步发展。

总的来说，人才紧缺体现在两个方面：一是在信息化背景下，大部分管理人员缺乏信息化意识，不注重现代信息技术、互联网在工商管理中的实际应用价值，也没有在企业实际运营中发挥现代信息技术、互联网及计算机系统的优势，以致工商企业管理信息化建设问题重重，无法满足实际需求；二是工商企业管理相关人才稀缺，虽然工商企业管理近些年来引起了人们的广泛关注，高校也陆续开设相关专业，但是现有的人才培养模式大多还是沿用或是仿照财务管理的人才培养体系，导致人才缺乏对工商企业管理、管理信息化建设的认识，不利于工商企业管理信息化建设，而传统的管理人才又很难胜任工商管理岗位的工作，使得管理信息化建设受到人才紧缺的制约。

3. 信息安全保障不足

当前，大多数企业都在不断地完善、建设互联网基础设施，积极引进信息技术，工商企业管理信息化建设设施设备数量相对充足，但工商企业管理信息化建设进度相对缓慢。归根结底在于相关的制度匮乏，无法与信息系统做到完全配套，这就导致信息技术、互联网应用与工商企业管理制度并不协调，进而出现了诸多问题。例如，互联网提供的信息服务水平依旧处于较低层次，信息技术在工商管理工作中的应用效率较低，大部分企业仅仅接入了互联网，并没有针对工商企业管理过程中涉及的信息、数据等建立完善的信息安全系统，以致网络系统的安全性得不到保障。另外，企业的信息化建设陷入误区，盲目地引进新技术、追求信息化，却忽略了企业工作中的实际问题，对信息化建设与管理工作缺乏长远规划，导致引进的设备并不能满足企业实际需求，反而出现了资源浪费、设备不兼容等问题。

四、企业文化建设不足

企业文化是企业内部行为规范和行为意识的体现，是企业管理的重要组成部分。然而，很多企业在企业文化建设方面存在诸多不足之处。

（一）对企业文化建设认识不足

不少企业对企业文化不够重视，甚至毫无概念。这些企业整天忙于生产经营，更多地考虑企业所处的位置和现状，只顾眼前利益，无暇顾及长远战略。有的企业没有认识到企业从产生开始就存在指导企业经营的理念和精神，没有把握创建企业文化的最好时机。有的企业没有认识到在不同发展阶段存在着不同企业文化，因此没有根据形势的变化适时调整企业文化，导致企业经营理念落后，机制僵化。一些企业对企业文化建设的漠视态度，容易导致企业战略管理出现问题，诚信缺失行为盛行，最终影响到内部效率和正常运作，使企业出现潜伏危机。有的企业文化建设具有功利性的特点，根本不会把企业文化建设作为实现社会责任最大化的目标，实质上是缺乏对企业文化建设重要性的认识。

（二）企业文化建设流于形式

有的企业注重以口号的形式来宣传企业文化，但有了这些口号，企业文化建设未必就很丰富。企业文化建设是一个漫长的过程，它需要一批批、一代代的企业家和员工在经营企业的过程中去创造和发展，不是几句口号就可以简单地概括的。有的企业非常注重厂容厂貌、员工言谈举止，注重会议、内部报刊等，但可能企业员工并没有从内心真正地认同企业文化，只是将表层看作是摆设和负担。真正的企业文化是要有内涵、有根基的。企业文化建设重在实质，没有健康的企业文化，没有规范的企业管理机制，一旦遇到危机，表面上再规范的企业也都会很快陷入困境。

（三）企业文化建设缺乏个性

在企业文化建设过程中最突出的问题就是盲目追求企业文化的形式，而忽视了企业文化的内涵和企业文化建设存在的问题。企业文化所形成的经营理念和价值观通过各种活动和形式表现出来才是比较完整的。如果只是打着企业文化建设的口号，就失去了企业文化建设的真正意义。比如有的企业天天开会倡导产品"质量"，然而天天在处理产品质量问题。这就是没有把企业文化内涵的主体内容予以细分并实施，对企业文化的发展造成了影响。企业文化是某一特定文化背景下该企业独具特色的管理模式，同时企业文化也受地理和风俗的影响而具备个性化的特点。

然而，当前的企业的经营理念都是一贯的标志性口号"诚信、开拓、发展"，一家企业按这个理念，另外一家企业也按这个理念。这虽然反映了当前时代的精神风貌，但是过于普遍化，没有将企业特色融合进去。企业精神和企业价值观是企业个性特征具体生动的反映，如此缺乏个性的"雷同化"企业精神及企业价值观就等于抹杀了企业的个性和特色，很难起到企业文化建设应有的作用，从根本上就失去了企业文化建设的意义。

第二节　现代企业工商管理理念落后

当前在我国企业发展过程中，企业管理者和企业员工都没有正确认识到彼此之间的关系，只认为是简单的雇佣关系，企业支付员工薪水，员工工作也只为拿到薪水。企业在发展过程中一味地追求经济效益，而对员工自身的发展缺乏重视，这样企业就很难吸引人才和留住人才，人员的流失会给企业带来严重的经济损失。而且在这种管理模式下，员工对企业也缺乏认同感和归属感，员工主观能动性无法有效地发挥出来。

一、企业思想政治工作存在的问题

思想政治工作在企业发展中对于调动员工工作的积极性起着巨大的促进作用。但是在当前的社会环境下，企业的思想政治工作还面临着很多问题。

（一）企业思想政治工作的重要性

在社会主义市场经济中，企业的建设与发展离不开企业内部的思想动员以及思想政治工作的建设，如果在企业内部形成一个积极向上的合力，就能共同促进企业的发展。

1.有利于企业思想政治工作建设，能够落实科学发展观，加快改革步伐

当前我国以社会主义市场经济为取向的经济体制改革正在深入推进，随着经济体制的深入转型、企业制度的改革创新和市场机制的进一步扩大，一系列经济社会当中的问题也更加突出，在企业当中树立和落实科学发展观，建立节约资源的循环机制，保持良好的生态环境，对促进社会效益和经济效益的整体提高具有重要的现实意义。目前，处于攻坚阶段的国有企业改革，正处在社会主义市场经济的全面而深入的改革当中，企业在改革和发展中面临着一些急需解决的问题。事实证明，又快又好地实现国有企业的改革，必须加强和改进企业各个方面的思

想政治工作，充分发挥思想政治的优势来凝聚人心，为党的基本路线的贯彻执行提供保证。

2. 有利于企业思想政治工作建设，能够加强职工教育，优化内部环境

随着市场经济的发展，社会主义市场经济和利益的价值取向之间的矛盾日益突出，社会成员的价值观和道德观面临着许多选择，不免会出现一些混乱。优化企业内部环境，发挥思想政治工作的作用，不仅是贯彻落实中央精神的重要体现，也是增强企业的凝聚力，加强企业对员工的教育，增强员工对企业的信念，构建和谐企业的重要标志。涉及企业职工的思想政治工作、价值观、行为、道德标准，以及在什么精神状态下采取实际行动，为振兴企业，发展企业所采用的做法。加强企业思想政治教育，调整人们与企业之间的关系，起到良好的巩固社会主义公有制的作用。利用全体员工的智慧和力量，促进企业工作的开展、优化内部环境，加强自身的创新和创造力，自觉树立创业精神，为企业的发展做坚强的后盾，并为企业在激烈的市场竞争中保持长期竞争力提供有效的保证。

（二）企业思想政治工作存在的问题

1. 企业思想政治工作注重形式，发展不平衡

一些企业所做的思想工作，往往形式单一，内容枯燥，员工在进行思想政治教育的过程中只是走走过场，有的只是因为不参加教育要被扣除相应工资的原因而前来学习。此外，这些企业所开展的思想政治工作往往就是以读报纸、学文件为主，没有把思想政治精神真正融入企业建设发展中来。

2. 思想政治工作缺乏创新意识

企业从事思想政治工作的人员年龄偏大，不具备新形势下与新的经济环境下开展思想政治工作的基本的技能与方法，采用的还是过去比较传统的说教方法，缺乏一定的创新。另外，有些专职工作人员对于工作本身的积极性不高，他们认为自己的工作对于企业的发展不太重要，往往主观上就存在着懒散与敷衍的意识。还有就是少数企业所做的思想政治工作脱离群众，没有真正地了解基层员工存在的思想困惑，很难达到预期效果。

3. 在思想政治工作中存在着被动现象

一部分人员只是单纯地在会议上宣读一下上级领导的相关指示与相关文件，没有进行深入的分析与研究，这样所做的工作根本就不能预防问题的发生，专职人员所做的工作与群众的自身利益关联不大，这就导致了群众不配合、不理解的情况频繁发生，工作人员所做工作的效果也不够理想。

二、缺乏创新意识

创新是现代企业发展的重要驱动力，缺乏创新意识会导致企业在市场竞争中处于劣势地位。然而，很多企业缺乏创新意识，不能适应市场和消费者需求的变化。例如，企业缺乏创新的产品和服务、缺乏创新的管理方式和模式等，这些都会导致企业的市场竞争力下降，影响企业的发展。

（一）创新的必要性

在现代社会的新形势和新环境中，企业只有通过不断地创新才能够在社会中占有生存空间，现代企业只有在与时势共同发展的同时做出创新和变革，才能在社会中更好地发展。

1. 知识经济的要求

按照发展经济中各要素的重要性，可以把我国社会经济大概分为农业经济、知识经济和工业经济这三个阶段。我国目前正处于知识经济的初级发展阶段，因此，对于社会中的知识型企业来说，应该把基础放在知识型人才上，把科技作为企业的着力点，对企业内容进行创新，从而把企业建成一个符合现代社会潮流的、信息密集的、知识密集的和人才密集的共同体。

2. 市场经济的要求

我国现代企业管理的方法较之以前发生了很大变化，国有企业中的管理已经从生产的单纯型管理向经营生产管理转变。在我国经济市场化的进程中，国有企业正朝着自负盈亏、自主经营的主体市场转变，国有企业也被推入了市场。从这些方面都可以看出我国的市场经济正在不断地发展强大，为了适应市场经济的需求，我国的企业管理必须要去除以往传统管理观念的枷锁，不断创新，建立起与时代相适应的企业管理方法和企业管理创新制度。

3. 企业稳定与发展的需要

企业管理的高效率和有序化对企业的发展和稳定有着重要作用。对企业的管理进行创新不仅可以为企业管理提供一个有效手段，还可以为企业以后的管理行为提供参考，从而达到促进企业发展和稳定的作用，也可以为推动企业的发展创造更大的空间。例如：对企业实行层级制管理。层级制管理可以有效地对新型企业进行管理，如果运用得好就能够产生协调功能，从而对企业的发展起到持久性的帮助。

（二）企业管理创新存在的问题

1. 缺乏有效管理

企业管理松弛可以归结为以下两点：一是工作纪律松，企业内部分工不明，企业内人浮于事、职责不清、涣散，很多的干部职工都是不思进取、得过且过的，企业经营效益每况愈下，经营随波逐流；二是"乱"，财务管理和营业现场管理混乱，导致管理服务质量差，企业的声誉受到影响，削弱了企业的市场竞争能力，企业的销售和利润也受到了影响，尤其是财务管理的混乱，会使成本急剧上升，开支费用增加，资金周转速度下降，企业发展没有后劲，负债率提高。很多企业出于某种目的，甚至在指标、数据上掺杂水分，国有资产流失严重，出现了"三低"现象：效益低、效率低、收入低，最终导致了企业发展中的恶性循环。

2. 缺乏有效的决策机制

某些企业的领导人，在经营方向、企业兼并、对外投资、扩建重组等等有关企业发展的重大决策上，缺乏事前的调查预测，不能做出切实可行的调查预测，备选方案不切合实际；讨论过程中又不尊重集体意见，不重视发扬民主，主观臆断，凭着个人经验盲目决策，最终造成决策失误，使企业经营受到了威胁，甚至陷入了困境。

3. 企业浪费严重

在当前影响企业的诸多因素中，这是一个非常严肃的问题，有些企业的经营并不尽如人意，但是企业却不惜花巨资装修办公楼、装修门面。以致有些职工说"我们企业除了利润没有，什么都有"，这种挥霍浪费严重地影响了企业的生存发展。

三、缺乏环保意识

对于各类型的企业来说，其本身就是一种商业性组织，而且其经营发展的主要目的就是为了盈利，在开展各项经营活动时会追求最大化的经济效益。企业若想提高生产环保效果，减少环保问题，就需要加大相关资源的投入，这样则会增加企业的生产成本。而企业若想保持长期稳定的发展状态，就应该加强对环保的重视，站在长远的角度看问题，清楚地认识到环保投入能够为企业赢得更大的经济效益及社会效益。所以，企业应该立足于环保角度，制定出长期的经营化战略，并对传统的经营模式进行科学创新，从而进一步促进企业的发展。

（一）环保管理体系缺乏完善性

企业在生产经营过程中，开展相应的环保工作时需要构建完善的环保管理体系，这样能够有助于环保工作的顺利开展。但是，就具体情况来看，很多企业的环保管理体系并不健全，这就会影响到环保工作的精细化程度，导致环保工作在开展过程中难以获得良好的效果。如，环保工作岗位分工不明确、职权划分不清等，都会降低环保工作的覆盖率，阻碍环保工作的有效开展。

另外，有关企业在开展环保工作的过程中，需要针对相关环保设施、在线检测设备开展相应的运维工作，并为其提供可靠的制度支持，促使各项管理工作能够得到落实。而在具体的管理工作中，由于缺乏完善的管理制度，使得企业生产环境的监测设备、运营管理等工作在开展过程中，产生出不少问题，大大降低了环保效果。

（二）环保设备存在不足问题

相关企业在具体的环保管理工作中，缺乏配套的环保设备，由于没有相应的设备投入运行，导致企业出现了相应的环保问题。部分企业没有按照相应的法律政策，配备完善的环保设备，或者是配备的设备与实际生产环保工作不相符，这样就会降低环保设备的实际效用。一些企业其内部的部分环保设备存在老化、陈旧等问题，企业并没有对其进行及时更新，导致设备运行经常出现故障问题，这样很难保障企业生产的环保效果，甚至还会引发出生产中的安全隐患问题。

（三）环保数据缺乏严谨性

部分企业在开展环保管理工作时，尤其是对生产环境数据进行在线监测时，存在数据不准确的情况，这样就会对环保问题的治理产生较大的影响，并且增加环保治理难度。部分企业在实际发展过程中，对环境的负面影响越来越大，导致环境问题不断增多。在这种情况下，相关企业应该对生产经营环境进行严格的监管，并且要将在线监测这一方式应用其中，这样才能够将企业自身的排污、治污情况真实全面地反映出来。不过，就在线监测实际情况来看，存在监测技术操作不规范的行为，致使获得的监测数据缺乏准确性，而且在监测过程中，也存在监测不够全面的现象，以至于相关监测数据无法体现出真实的企业生产环境，最终会降低企业自身的环保性。

此外，针对不同类型的企业，相关法律制度也规定了其生产过程中的污染物排放量，但是，少数企业为了维持正常的生产规模，或者是扩大原有的生产规模，对自身生产过程中的污染物排放量进行了隐瞒，甚至有些企业会进行违法操作。比如，对监测数据予以人为篡改，致使最终获得的监测数据存在问题。

（四）企业经营者的社会责任意识比较低

企业在生产经营过程中，不仅要重视自身的经济效益，还应该对社会效益予以高度关注。然而，仍旧有部分企业经营者，对于经济效益过于重视，并且缺少相应的社会责任意识，同时也忽略了社会效益。另外，在具体的生产过程中，相关企业没有购置并配备生产所需的环保设备及装置，也没有按照国家有关规定，对生产污染物进行处理，在排放污染物时，存在污染度超标、排放量超标、私自排污等多种问题，完全放任了对环境的破坏，使得环境问题变得愈发严重。

四、企业工商管理培训工作现状

我国企业的工商管理水平总体上稳步提高，工商管理在企业中的重要作用日益凸显，企业管理者在面对日新月异的市场环境时能够迅速把握机遇、适应新形势，不断学习新知识、新技术，管理方式和管理理念也能够不断创新和变革。但在大量中小企业当中仍有以下方面的问题：

（一）企业工商管理人才现状分析

1. 工商管理人才需要多方面的职业能力

从总体上看，营销策划管理、人力资源管理等专业岗位包含公司的财务、人力、销售等重要部门。他们一般是企业的中高层管理者。正因为如此，相关从业人员需要具备较强的企业管理技能、良好的文字表达能力和人际沟通能力，能够非常熟练地操作和应用计算机等先进电子设备，具备较高的外语水平。然而，从目前的情况来看，许多刚从校园走向社会的工商管理人才虽然有一定的理论知识，但缺乏必要的实践经验。尤其是从校园刚出来的工商管理专业的学生，虽然通过了英语四六级，但是很多学生的实际能力只停留在试卷上。很多工商管理专业学生的口语表达能力不好，需要在后续的工作过程中磨炼自己的口语，这很可能会降低工作效率。很多从业人员入职后倾向于纸上谈兵，不愿意深入基层工作，不能单独解决工作中的问题。

2. 忽视工商管理人才的定位

在现阶段培养企业经营管理人才的过程中，一开始没有明确的培养目标，人才培养也没有科学的定位。企业的岗位众多，每个部门都需要相应的管理人才。财务部门需要有财务总监，市场部门需要有市场经理。但是工商管理专业在企业里对应的岗位较为模糊。在这种情况下，人们对企业经营管理人才的认识在很大程度上还停留在过去传统的专业知识层面，在拓宽知识面和技能方面相对薄弱。学校里工商管理专业的学生，学习知识的针对性较差。工商管理人员在实际学习过程中，除了管理知识，还需要具备市场营销、财务管理、金融管理等知识，但是这些知识大多数只是学习到表面。虽然学习的知识比较广泛，但是却没有明确的定位。在没有明确定位的情况下，企业的经营管理人才无法达到高要求、高标准的理想无缝衔接。同时，也极大地阻碍了企业管理人员专业素质和技能的提高。

（二）企业工商管理人才培养模式的不足

1. 人才培养模式和方法陈旧

工商管理人才培养的第一个难点是培养模式、方法相对陈旧落后。由于历史因素的影响，我国企业管理水平在很大程度上需要加快改革创新的步伐。再加上社会主义市场经济日新月异的发展，我国部分企业的工商管理人才培养模式需要与时俱进。部分企业的管理人才需要在学习商业课程的同时，访问外部机构进行实践培训。有些高校在培养工商管理专业人才时，还沿用以前的教材，没有及时更新教材内容。

除此以外，企业在对员工进行培训的过程中，没有注重工商管理人才的培养模式。一部分企业的人才培养模式流于表面，与自身企业的需求不匹配。随着近年来信息技术革命的加速和"互联网+"的到来，如果不改变传统的工商管理人才培养模式，完成这门课程的工商管理人才的素质已不能满足企业的需要。尤其是现在很多依靠互联网发展兴起的企业，管理模式与传统模式相差较大。原本的工商管理培养模式培养出来的人才与这些企业要求的人才无法对接，对企业和该专业的人才都是损失。

2. 培训目标和内容与实际相背离

工商管理人才的培养模式除了原有的培养方式外，还存在着培养目标和内容偏离实际的问题。调查显示，工商管理专业课程设置过于细化，这直接导致工商管理人才只能精通某项工作。很明显，如果企业经营管理人才只学习零碎的知识，或者学习的知识广泛却并不精通，没有完全掌握企业经营管理知识体系，那么管理者就很难从全局上把握企业的实际经营管理体系，因此，从宏观的角度看，并不能提高企业经营管理的水平和效率。我国工商管理人才的培养主要依靠高校以及企业自身的培训。在整个培训过程中，高校培养的工商管理人才所学专业内容倾向于管理本身。但是，由于目前企业模式变化较快，老师更倾向于讲解以前的案例，导致工商管理专业学生学到的知识与企业实际情况不符合。企业培训工商管理人才的过程中，仅限于培养管理层部门的管理知识，缺乏全面的工商管理知识的教授，导致管理者在接触除自己部门以外的管理工作时，不能够快速适应工作内容，可能会降低企业的工作效率。

3. 对企业工商管理人才培养效果的评价还不成熟

除了上述模式缺陷外，企业工商管理人才培养效果评价也存在问题。一方面，企业在评价人才培养效果时，往往不知道人才培养的关键和核心是什么，缺乏明确的培养目标，导致出现"一刀切"的局面。企业没有对不同领域、不同部门、不同组织结构的人才进行详细划分。另一方面，企业管理人才培养效果评价缺乏科学合理性。在对人才培养效果的评价上，大多会采用量化的标准，而忽略了其他难以量化的标准，如对管理理念、管理思想、管理行为等缺乏重视，这就导致了企业在对工商管理人才培养效果的评价上出现了偏差、误差较大的结果。

第三节　现代企业工商管理体制落后

企业管理实质意义上是人的管理，这就需要强化以人为本管理理念的实施。在具体实施过程中，以人为本管理理念需要面对企业的所有员工，确保企业员工的全面发展，这才能确保企业利益最大化目标的实现。以人为本管理理念实施过程中需要注重对员工人生价值和成长发展的开发，尊重和理解员工的人格，企业需要关注每一位员工的发展，从而调动起员工工作的积极性、主动性和创造性。当前我国企业以人为本管理理念的实施也较为片面，只针对企业极少部分人，并没有在企业管理中真正实施以人为本的管理理念，还停留在理论阶段的水平。

一、管理制度与执行力的问题

企业管理能力及水平的提升，需要不断地对企业管理制度进行完善，同时还需要加大其管理制度执行力。但由于一些历史原因，导致企业管理制度呈现出陈旧、执行力度不够等问题。

（一）企业管理制度与执行力存在的问题

1. 管理工作效果偏差

有些企业在很大程度上会受到传统计划经济思想的影响，在以往的企业管理工作中呈现出政企不分的现象。同时从事管理工作的人员在传统管理理念的影响下，具有一定的机关习气，让管理工作与企业实际发展形成脱节，出现了形式主义的现象，许多管理制度都是表面文章并没有真正的执行到位。这样的一种管理机制，对于管理工作而言并不能发挥出其实质性成效，长此以往管理制度中的各项规定将演变得毫无意义，最终导致企业管理机制配置失衡。

2. 企业执行力不足存在片面性

有的企业管理工作人员，受到传统管理理念的影响，在开展实际管理工作过程中表现出工作分工不明，没有实质性的管理方面的规章制度。许多工作人员在开展工作时对管理层的依赖性非常强，通常只会按照管理人员的指示做事。这样的管理模式导致部分管理人员开展管理工作时独断专行，缺少相应的合理性及科学性。工作人员的作用没有得到充分发挥，其岗位及职位设置形同虚设，加上陈旧的管理理念，管理人员对于下级的工作干预较多，导致管理工作呈现出混乱的现象，责任落实非常困难。这些问题都会导致企业整体工作效率低，工作人员缺少相应的工作热情。

3. 管理人员与工作人员之间缺少沟通

在开展具体管理工作过程中，工作人员由于对相关业务不了解，在实施管理时无法满足工作需求。虽然已经构建了相应的管理制度，但由于管理人员与工作人员之间缺少沟通，无法对其实际工作需求有一个全方位了解，很容易导致工作人员对管理制度的不满。长此以往下级对上级的不满情绪得不到舒缓，对于下级工作热情会形成非常大的打击，让其工作质量及效率呈现明显下降的趋势。加上管理人员与工作人员之间缺少沟通，让整个企业的管理工作形成恶性循环，不仅阻碍了管理者进行决策，也不利于业务工作的开展；上、下级之间产生一定的隔阂，导致管理与实际工作形成脱离。

4. 企业管理制度的缺失

从目前我国企业管理制度来分析，由于受到长期计划经济体制的影响，在开展管理工作的过程中，管理制度更倾向于与国家政府职能机构相配套。对于企业发展中的技术创新以及相关工作人员综合素质，有一定程度上的忽略。此外，由于企业内部管理制度不够完善，或者缺少合理化的管理机制，管理工作的开展成效并不理想，对企业发展及经济活动开展形成了非常大的阻碍。

（二）企业管理制度与执行力的影响因素

1. 传统观念影响较深

企业在长期计划经济体制的影响下，受传统管理理念影响非常深。在企业中甚至依然还存在着一些负面文化，这些观念以及负面文化的影响，容易让管理人员在开展管理工作时表现出随意性。这种随意性导致管理制度缺少相应的执行保障，同时还无法确保其执行力的持久性。此外企业中普遍存在"情与理"的问题，经常会在执行管理制度时产生对制度"情与理"的质疑，然后再根据自身的理解来进行执行。这种执行力可以说是完全没有制束性的，其使企业所制定的管理制度形同虚设，对企业发展及管理形成了极大的阻碍。一个企业的管理制度在进行执行时应该全体人员对其进行完整的执行，而不是对其管理制度进行质疑与追究。

2. 市场体制的影响

我国市场体制改革已经取得了一定的成就，但部分企业在实施改革时并不彻底，加上市场经济秩序的不规范，还没有形成一定的竞争机制。企业对于政府扶持的依赖性依然，企业自身还没有意识到问题所在，没有将管理工作重点置于企业管理制度改革工作当中，导致其对执行力重要性意识不足。

3. 工作人员综合素质的影响

任何制度的执行都需要人为实施，要实现执行的有效性更需要执行者拥有较高的综合素质。对于企业工作人员综合素质而言，可以将其划分为管理者与员工两类。当前有的企业管理权较为集中，而且呈现出非常深厚的"人治"色彩。这样的一种管理权集中的管理模式，让部分管理人员对企业执行力产生了极大的影响，其影响层面主要表现于发展战略制定、战略具体实施以及战略控制等几个层面。这些影响会对企业工作人员工作热情以及企业发展形成了非常大的阻碍。此外，管理制度的执行需要由工作人员实施，如果工作人员综合素质较低，就无法确保其制度能够得到彻底落实。企业在这样的管理模式下得不到更好的发展，同时还会削弱工作人员的工作热情。

二、企业人本管理存在的问题

实行人本管理是现代企业制度的本质要求。如果企业管理不以人为本，就会导致企业经营的失败。企业内部管理秩序的建立与完善、实施与落实，无不取决于全体职工的团队意识和敬业精神。当前，尽管许多企业管理者都认识到了实施人本管理对企业发展的重要意义，但在思想观念和具体做法上还存在一些需要改进的问题。

（一）对人本管理的理解有误

人本管理是以人为中心的管理。现阶段，企业的管理者都知道有人本管理的概念，也都认同人本管理的重要性，但是对人本管理的实质理解有误。他们认为人是企业最重要的因素，把人当"人"看，实行人性化的管理就是人本管理，这其实只是表面现象，没有真正理解人本管理的内涵。

（二）人本管理理念没有落到实处

企业作为创造物质财富的经济型社会组织，依靠经济手段管理企业，是企业自身的特点所决定的。以人为本，就是要尊重人、理解人、关心人，就是要尊重人的价值、实现人的价值、认同人的价值，使员工切实感受到自我存在价值的意义。以人为本，更重要的是调动人的积极性和首创精神，充分承认他们创造的价值，并为他们实现自己的理想，开展创造性的劳动，创造机会和条件。把巨大的精神动力转化为巨大物质财富，去创造一流的技术，一流的产品，一流的服务，其根本任务就是造就出一流的人才。

（三）缺少人本管理的个性

企业由以管理"物"为中心，转变到以管理"人"为中心，这是企业在管理方面实现的重大转变。只有高度重视以人为核心的管理，企业的管理水平才能实现质的飞跃。否则，企业的素质很难提升。但是，一些企业在追求人本管理过程中，由于缺乏对人本管理内涵的深入和探讨，出现缺乏个性化的问题。即使是制定了一些人本管理政策和人本管理方案，依然是收效甚微，没有达到切实提高企业自身管理水平，增强企业自身活力的目的。这样的企业精神很难在职工的头脑中产生深刻的影响，在心理上产生强烈的震撼和共鸣，形成共同的认同感。

（四）人本管理的实施没有企业文化做后盾

企业文化是一个组织由其价值观、信念、仪式、符号、处事方式等组成的其特有的文化形象。企业文化是企业最核心的竞争力，是可持续发展的源泉。企业文化是一种以人为本的文化，着力于通过文化因素去挖掘企业的潜力，尊重和重视人的因素在企业中发展中的作用。所以，企业人本管理的实施，要有企业文化做后盾。然而，从整体来看，我国企业中相当数量的企业主管对企业文化缺乏了解，从而导致了实施人本管理和建设企业文化不能很好地衔接。

（五）忽视传统文化中的情感管理

情绪、情感是人的心理活动的重要方面，也是人的精神生活和企业管理的重要组成部分。一般认为，积极情绪会提高工作效率，消极情绪会降低工作效率，因此，搞好企业管理，研究运用情绪管理是非常必要的。当前，我国企业在情感管理方面还存在很多问题，导致管理者与被管理者感情关系淡薄，这种管理已经不适应现代企业管理。

三、缺乏全面性和系统性

现代企业管理需要具备全面性和系统性，而很多企业缺乏系统化的管理思想和方法，导致企业管理中的一些细节被忽略。现代企业的市场竞争无非是技术实力与资源实力的竞争，而技术的研究依赖于人才资源基础，所以技术的升级是推动企业发展的新动力，许多企业在长时间的发展中，并不重视对企业科技创新的研究，反而将管理工作的重点放在缩短开支方面，以便于企业扩大利润空间。但是企业在市场竞争中的利润空间应当是依靠新技术、新产品去扩展的，而并非一味地缩短开支就能够完成。因此，企业应适当地在研究新技术方面加大投入，积极研究新技术、新产品，不断创造企业生产的新技术，安排新的生产线，这样有助于提升各部门生产的工作实效。对于当下企业的内部管理工作而言，新技术引进程度较低是企业管理者必须重视的问题，让企业的员工不断接触行业中的新事物，才能促进员工的成长。

（一）宏观影响因素

1.外部环境

企业是市场经济中的创新主体，在创新过程中面临的外部环境直接影响企业技术创新的意愿和动力，外部环境的改善有助于企业在技术创新活动中充分发挥正外部性、非竞争性等作用。中国学者对于企业技术创新的外部环境进行了大量的研究和探索，从融资环境、市场环境、产业集群环境、政策环境四个维度进行研究。

（1）融资环境

风险投资的优劣影响企业技术创新发展。目前中国学者一致认为小微企业的技术创新受风险投资的促进作用十分明显，风险投资类型的差异对小微企业的促进作用也存在异质性，公司型风险投资与独立型风险投资相比，前者对小微企业特别是技术创新型小微企业技术创新的影响作用更大；企业创业投资数量与投资企业的技术创新绩效之间存在显著的倒"U"型关系。

（2）市场环境

市场环境规制的差异对企业技术创新的影响程度不同。从当期促进效果来看，公众参与型环境规制在短期能够促进企业技术创新，但是幅度较小；而命令控制型的环境规制能够起到正向作用，但是存在抑制技术创新的滞后作用，所以命令控制型环境规制的实施应考虑时效性。从长期促进效果来看，市场激励型环境规制表现更好，能够长期促进企业技术创新活动。外部的市场化水平越高，越有利于企业技术创新，在市场化过程中，本期的技术创新结果还受到上一期创新水平的影响。营商环境与市场化水平具有紧密联系，可以通过国际贸易与个体教育水平提升等方式改善营商环境，从而促进企业技术创新水平的提升。

（3）产业集群环境

企业所处产业集群的多样化和专业化能够有效促进技术创新效率的提升，并且产业集聚多样化的作用强于专业化。嵌入产业集群中的企业，在集群网络中的位置以及与其他主体的协同能力对企业技术创新的影响不同。嵌入集群网络的企业知识转移、知识创造均对技术创新存在正向的间接影响。

（4）政策环境

合理的政策支持能够有效提升企业技术创新能力。但政策支持的效果根据企业成长阶段、所处区域和行业的不同，也存在较大差异。

第一，根据企业成长周期，从短期激励效应来看，政府补贴对技术创新产出的促进作用更显著；而从长期激励效应看，政府补贴对创新价值实现的方差贡献更大。所以，地方产业政策仅能对成熟期企业起到激励创新产出效果，但对成长期企业的影响并不显著。

第二，根据企业所处区域，一项产业政策的出台，各类政府对市场干预的强弱不同。学者研究发现，产业政策效果影响大的地区，政府干预力度较小，产业政策实施的效果应由市场化自主判定。

第三，根据企业所处行业，以当前最热门的数字经济行业为例，政府补贴和行业准入制度等政策对其具有正向影响，而税收优惠等政策影响并不显著。但是有些行业通过信贷、税收、研发费用抵扣、政府补贴等政策，能够鼓励民营企业技术创新。

总体来看，外部环境对企业技术创新的影响受诸多间接因素制约，产业间技术的差距、企业规模的不同、政策支持方式与力度的差异、市场环境规制的各种类型都对企业技术创新具有不同程度的影响。政府补贴不是越多越好，存在门槛效应，换言之，补贴额度应在阈值内，才会对技术创新有促进作用，而且对于非高新技术企业而言，研发费用加计扣除政策对其无显著影响。

2. 创新战略

一般情况下，企业是在市场导向或科学发现导向的前提下进行技术创新，所以，创新战略直接影响企业技术创新的方向。根据企业所处不同成长阶段所面临的不同外部环境特点，采取具有针对性的创新战略，例如，在企业萌芽期，一般采用一元创新；在成长期，通常采用二元创新（组织制度创新为主和技术创新为辅）；在成熟期，采用另一种二元创新（技术创新为主和组织制度创新为辅），是一个螺旋上升、循环往复的过程。

当前很多中小型企业采取创业导向型战略。经研究发现，企业创业导向战略与技术创新绩效之间存在显著的"U"型关系，创业导向强度存在一个阈值，当低于该阈值时，创业导向对技术创新绩效产生"挤出"效应。当企业发展到一定阶段，采取技术突破性创新战略，即脱离原有技术轨道，针对市场潜在用户或前沿技术而进行的非连续性的、非线性的技术研发活动，这一战略将给企业带来巨大变化。若新技术研发成功，企业将形成技术跨越，同时还可能会重塑或引领行业规则和标准。另外，还有很多企业选择并购创新战略，一般情况下，并购商誉水平越高，企业的技术创新水平越低。而且，以现金为主要支付方式的技术并购对技术创新投入和产出均会产生影响，对创新产出产生抑制效应，对创新投入产生挤出效应。还有诸多企业采取产学研联盟等创新战略，但是该战略实施过程中，成果转化和创新创业的作用不显著。

（二）中观影响因素

1. 企业规模和类型

企业类型和规模是决定企业技术创新的关键内部因素。中国学者主要从国有和非国有企业、大型企业和中小型企业、高技术企业与非高技术企业等角度进行研究。一般而言，企业规模存在一个阈值，只有在阈值内，企业规模与技术创新之间是正向促进关系。非国有企业和大中型企业的技术创新提升受政府资助的正向影响较少，政府研发资助对微型企业的促进作用明显，然而对国有企业和小型企业存在显著抑制作用。就中国的民营企业和大规模企业而言，税收优惠的激励作用更大。在高新技术产业方面，相比国有企业，金融发展水平对非国有企业的技术创新影响更显著。所以东北地区存在的大量国有企业要实现技术创新突破和转型升级，不仅要从企业自身进行变革，还应调整地区产业结构。另外，根据跨国企业技术创新与企业经营发展的特点，应重视研发国际化，同时高新技术企业认定也能够有效激励企业技术创新。

当国有企业实施混合所有制时，非国有资本参股有利于国有企业技术创新，当非国有资本参股超过10%时促进效果更加稳健。非国有资本参股主要通过加强内部控制和完善高管薪酬激励两个途径对国有企业技术创新水平产生积极影响。而且，非国有资本对地方国有企业、竞争性国有企业、市场化程度较高地区的国有企业的技术创新也具有正向促进作用，但是对央企和垄断性国有企业技术创新的激励作用不显著。非国有资本对规模较小的国有企业技术创新的促进作用显著，对规模较大的国有企业不显著。从企业性质与规模的角度分析，私营企业的技术创新活力较强，而国有企业则有待进一步提升，外商投资企业在新产品和劳动生产率方面具有明显优势。但是从创新投入和产出上看，国有企业强于私营企业，但是商业化水平低于私营企业。可见国有企业具有技术创新的基础优势，但是没有转化为市场优势，民营企业较高的技术创新绩效主要来自模仿、引进外来技术、节约成本等方式，而非自主创新。

2. 企业文化

企业文化在技术创新过程中发挥重要的调节作用。企业文化是组织成员共同价值观念的集合，既可以通过制度设计，也可以通过改善企业管理者的创新意识和行为，影响企业技术创新能力。企业创新动力会受到企业文化的直接影响，当企业文化的凝聚作用弱，或者企业员工不能充分认同时，该企业技术创新动力不足。技术创新对文化创新具有渗透提升作用，文化创新对技术创新具有驱动作用。此外，企业社会责任在文化创新中的作用愈加凸显，当企业发展到一定规模、技术创新发展到一定水平后，须将社会责任理念融入社会创新活动中。企业文化驱动技术创新可以通过依靠完善现代化企业管理文化、培养各类专业技术人才、加强企业品牌文化建设等方式得以实现。企业的文化模式不同，技术创新的选择方式也不同，灵活文化和市场文化倾向于率先创新方式，层级文化倾向于模仿创新方式。企业若想提升其技术创新能力，就需要结合自身的文化模式来选择适合的技术创新方式。由于技术创新的高风险性和高利润性，鼓励和容忍文化、自由文化等灵活文化对企业技术创新均具有正向影响。

（三）微观影响因素

1. 创新投入

对于企业技术创新投入的研究，主要包括 R&D 投入和创新人才投入两大维度。其中，R&D 投入是企业进行技术创新的基本前提，学者们的研究观点基本一致。在企业人才方面，由于不同等级、不同类型的人才在企业技术创新中具有不同的作用，所以，对企业技术创新的影响程度也具有明显差异。

（1）R&D 投入

研究一致认为，企业若想在激烈的竞争环境中持续生存下去，必须加强 R&D 投入，企业发展的优势与薄弱环境都应重视 R&D 投入，尤其是薄弱环节，R&D 投入对企业技术创新的效率与效益均会产生积极的促进作用，特别是在高新技术企业中的表现更加显著。相比各类其他影响因素，R&D 投入对企业技术创新的影响系数最高。

（2）创新人才投入

创新人才始终是企业技术创新的核心要素，在当前国际与国内的复杂经济与社会环境下，顶尖的创新人才更是各国、各地区、各企业竞相争取的重点。从企业组织的视角，人才按层级可以分为董事、高管、技术型员工、普通员工四类。各类人才由于在企业内权力和责任、知识和技术水平的不同，对企业技术创新的影响也各不相同。

第一层级的董事，即企业技术创新的提出者，分为技术专家型和非技术专家型董事。其中，虽然不同类型的技术专家型董事在内部信息持有量与独立性方面存在差异，但技术专家型董事对企业技术创新绩效具有正向促进作用。其他三个层级人才的研究主要集中在薪酬激励方面。

第二层级的高管，即指挥者。企业若想技术创新能力有所提升，需要对高管层级采取薪酬激励措施。就算在不同行业最终结果也基本一致，只是技术密集型行业比资本密集型、劳动密集型行业前期表现的正向促进作用更明显，总体上高管薪酬的提高有助于企业良好地运转和创新绩效的提升。具有海外经历的高管在国有企业任职更能发挥对技术创新的促进效应。

第三层级的技术型员工，即执行者。企业技术创新效率受技术工人创新能力的直接影响，所以，对技术工人的激励作用越大，技术创新效率越高。

第四层级的普通员工，即拥护者。同样作为创新人才适宜对其采取横向薪酬激励措施。

反过来看，企业技术创新的投入能够提升管理人员、技术人员、销售人员等非生产人员的就业，抑制生产人员的就业。但是企业内各层级的人才结构权力、声誉权力、专家权力和所有权权力对企业技术创新的影响具有差异性，其中，结构权力会增加股东与高管之间的代理成本，对企业技术创新投入具有负向作用。

2. 知识控制力

企业在技术创新过程中需要对新知识具有学习和吸收能力、共享和整合能力、保护和获取能力，从而增强企业的知识控制。企业知识系统的控制机制包括基于标准成本的转移价格和多元化的知识交易机制、知识提供者的产权保障机制、共同知识与相互认同机制、团队结构与共同治理机制、知识的有效分享与融合机制等。研究发现知识共享对企业技术创新能力的提升具有促进作用。知识产权保护对企业自主研发中的激励作用也十分明显，所以，我国可以通过加大知识产权保护与执法力度来提升企业技术创新能力。

第七章 现代企业工商管理模式的创新策略

第一节 科学技术创新理念实施

现代企业的经营和发展，需要充分地认识到科学技术的重要性，需要将科学技术作为企业发展的主要动力，在科学技术的支撑下确保企业实力的增强，使其成为企业发展的重要推动力。从大数据对企业工商管理决策构成的影响角度入手，对相关发展要点进行深入探讨，以此保障企业可以在大数据引导下，提升自身的竞争力。

一、大数据运作机制

简单来讲，大数据就是具备应用功能的巨型数据集合，其所包含的数据信息不管是数量还是规模都非常庞大，远远超过了人们对传统数据信息的认识和理解。因此，在大数据收集储存和管理分析期间都要利用专业化软件工具和应用设备，传统单一化的系统很难实现大数据系统的功能需求。根据大数据的定义可以将其概括为，规模巨大、传递速度极快且类型丰富的数据信息。而大数据技术就是可以在短时间内收集整理和储存管理大数据所运用的技术。这一技术理念一经提出就得到了科研学者的重视，并在实践探究中广泛运用到了多个领域。从企业工商管理角度来看，合理运用大数据技术理念进行决策管理，可以为企业建设革新提供更多技术支持。

从实践角度来看，大数据技术对企业工商管理决策而言，表现出了以下优势：首先，储存分析数据信息量持续增加。原因在于大数据和传统普通数据存在较大差异，前者的数据文件单位为 TB，而后者的数据文件单位还停留在 GB。其次、实际流通应用速度越来越快。原因在于信息数据的处理要求越来越高。现如今，在信息技术革新发展中，只有加快数据应用和生产的速度，才能保障相关技术充分发挥自身作用。最后，整体数据类型非常丰富。从整体角度来看，数据主要分成两种类型：一种是指结构化数据；另一种是指非结构化数据。前者是基于基础性行为所构成的数据信息，在实际生产过程中具有类似性，在分析处理时，要按照特定模式研究数据信息，只有这样才能获取有价值的信息内容；而后者所构成的方式具有多元性，不管是点击网络还是文字传输等都会获取大批量的非结构化数据。

二、大数据对企业工商管理决策构成的影响

（一）决策环境

随着数据信息的大批量增加，企业发展逐渐进入到大数据时代，此时如何合理运用大数据

技术来获取市场经济发展规律，保障企业工商管理决策具有完善性和有效性，是现阶段企业发展要探讨的主要课题。根据大数据环境对企业决策信息收集和工商管理方案的影响，实际管理决策环境产生了全新变化，并且表现出了显著的数据驱动特征，这对实际企业业务革新而言具有积极作用。

（二）决策数据

大数据的核心内容并不是数据本身，而是数据潜藏着对企业发展构成引导和辅助作用的价值信息，因此企业在发展中不仅要强化自身的信息收集水平，还要在实践探究中形成数据整合研究技能。在大数据时代背景下，企业数据管理和知识管理都产生了全新变化，尤其是对数据管理而言，企业要先在处理各类数据信息的基础上进行集成分析，而后将其转变成统一结构之后再进行科学储存。同时，在网络信息数据生产速度越来越快的情况下，企业工商管理决策对需要处理的信息数据提出了实时要求，以此结合大数据性质分析数据碎片之间的关联模式，从中掌握更多具有潜在价值的内容，能为企业工商管理决策提供有效依据。另外，在工商管理决策期间，如果只根据收集数据进行研究，那么很容易出现脱节现象，因此需要结合工商管理决策人员的主观意识和工作经验进行整合研究，以此保障相关决策具有科学性和完善性。

（三）参与人员

全面推广大数据技术理念突破了传统企业管理决策模式的限制，促使决策主体逐渐从高层管理人员扩展到一线工作人员，并在网络媒体的引导下有效解决了数据缺失、数据收集等问题。在这一过程中，越来越多的企业员工开始利用大数据技术整合研究数据信息，并积极参与了企业工商管理决策，使实践管理呈现出多元化、民众性等特征。现如今，企业数据分析师属于工商管理决策的主要参与人员，可以合理运用统计研究、分布式处理、机器学习等技术算法，从大批量的数据信息中挖掘出更多有意义和有价值的业务内容，并直观呈现给企业高层，促使他们提出更具有现实意义的工商管理决策。

（四）决策组织

引导企业全体员工参加工商管理决策，需要对企业的决策权力进行重新分配，这必然会影响企业管理决策的组织结构和相关文化。在大数据引导下，企业的组织结构需要有效处理决策权限的分配问题，并注重结合实践发展选择适宜的决策方案。比如说，在决策事务处于可控范围时，对组织实施过程所构成的影响较低，因此可以利用集中决策的方式来处理；而在决策事物处在不可控范围时，要利用分散决策的方式进行研究。从长远发展角度来看，分散决策的模式更加适合动态发展的决策环境，这不仅可以为企业工商管理决策提供广阔的发展空间，还可以根据新时代发展需求提出更加有效的管理方案。现阶段，传统意义上的金字塔型决策结构逐渐被扁平化组织结构取代，员工在企业工商管理决策期间所表现出的作用越发显著，高层管理人员的工作思维和模式也受到了影响，由此全面推广学习型的企业文化，是企业稳步发展的直观表现。

（五）决策技术

为了有效处理持续上升的数据信息，企业在实践探究中开始研发低成本且容易扩展的技术平台，主要用来整合分析海量数据。现如今，云计算平台为大数据管理提供了强大的技术支持，不仅能用于处理数据信息源，还可以在转换处理过程中直观呈现给企业高层人员，作为工商管理决策的重要依据。在这一过程中，可视化技术的作用得到了充分展现，其可以将传统抽象化的数据信息转化成图文内容，以此帮助系统用户更加深入理解和应用相关内容。在大数据技术环境中，数据主要是利用数据流的方式进行呈现，且要利用知识挖掘技术来寻找数据和数据之间的关联，这样不仅能获得更多有价值的内容，还可以引导企业在技术创新中为工商管理决策提供优质服务。

三、企业工商管理决策期间合理运用大数据技术

（一）加大信息化建设研究力度

信息化建设水平作为企业运用大数据技术理念的基础条件，在新时代背景下要想增强企业在市场环境中的竞争优势，要求企业管理决策人员根据信息决策系统广泛收集大批量的数据信息，并在构建相关模型的基础上进行筛选储存和研究分析，这样不仅能准确掌握客户需求和业务发展方向，还可以从中提出有效的工商管理决策方案。

在实践落实期间，企业要从以下几点入手：第一，要制订和企业经营性质相匹配的战略计划，注重从宏观角度入手分层处理信息建设工作，逐步完善决策系统的建设管理、流程配置等工作，以此全面提升企业内部信息化水平；第二，提升大数据技术应用水平，尤其是对复杂多变的数据信息而言，必须持续扩大企业内部储存空间。一方面要根据时代发展提出的要求，真正实现无纸化办公，以此在减少成本支出的同时提升信息共享的应用效率；另一方面要加大技术人才的投资培养力度，确保各部门员工可以熟练运用先进技术软件进行业务处理，并在数据收集和分析中为工商管理决策提供有效信息。

（二）根据客户需求提出价值导向

无论是企业内部业务优化还是制定明确的战略方案，都需要根据客户提出的需求进行深入研究。因此，企业在经营管理期间，不仅要重视内部项目的管理决策，还要依据大数据理念，构建完善的信息化系统，促使企业和客户之间构建良好的沟通平台。而部门员工可以在认真倾听客户建议的基础上，通过收集整理分析客户需求，掌握潜藏的业务增长信息，而后在企业工商管理决策期间提供给高层。这样有助于领导人员根据实践发展趋势科学调整业务方向，提出符合要求的管理机制和基础设施建设方案，促使客户在接受服务的同时对企业产生忠诚度和信任感。

（三）基于大数据机构构建良好合作关系

大数据技术应用对所处环境的要求极高，很多企业在构建大数据平台时会遇到"不懂得如何正确利用相关技术设备"等问题。而随着实践经济水平和科学技术的不断提升，国内外大型企业和科研院所针对大数据技术累积经验，设计出了更多先进的技术设备，这让企业与相关机构构建良好合作关系的同时，得以共享利用人才技术设备等多样化资源。这样不仅能系统储存研究相关数据信息，还可以为服务产业链的创新发展提供有效动力。

（四）完善企业工商管理决策机制

要想在企业工商管理决策期间充分展现大数据的应用价值，管理人员可以针对大数据时代

对企业决策提出的要求构建完善的管理决策机制。

首先，企业要注重改善内部机制，持续细化数据管理、绩效考核等有关内容，确保数据收集和分析工作可以落实到所有生产部门中，以此在统一化管理期间提升工商管理决策的时效性。

其次，针对企业长远发展提出明确的人才培养计划，定期组织员工参与和大数据相关的培训活动，将全新工作思维融入企业文化中，确保企业可以利用大数据技术手段全面解决业务分析问题。

最后，要在技术创新中研制符合企业工商管理决策的可视化技术，促使信息技术提取变得更加简单便捷，以此增强企业决策的科学性。除此之外，还要针对企业数据安全管理提出完善的管理制度，一方面要考虑关键信息数据；另一方面要结合国家建设发展要求构建完善的保护法律，促使企业可以系统评估云储存运行情况，加大重要数据信息的管控力度。

（五）重视人才教育改善管理理念

一方面，对人才教育工作而言，要结合现代化数据环境明确实践技术型人才培育方向，注重优先培养懂得管理和数据分析的综合型人才，只有这样才能正确应对大数据环境下企业工商管理决策问题。各地院校要根据时代变化科学调整教学观念，注重强化内部学科建设，持续改善实践教学方法，科学划分专业课程，做好专业人才教育指导工作，以此为社会发展提供更多优秀人才。同时，企业还要注重现有员工的技术培养，定期开展技术培训工作，积极组织员工参与社会或院校提供的专业技术培训课程，促使他们在熟练掌握先进技术理念的同时，利用大数据平台收集掌握更多有价值的内容。另外，无论是院校还是企业都要为人才提供自我学习成长的有效平台，促使他们在实践探究中明确自身的发展方向。

另一方面，持续改善企业工商管理理念。企业要想让自身在市场竞争中占据重要地位，必须要解决企业发展中所潜藏的各类风险，真正认识到信息化建设对工商管理决策构成的多方面影响。在此基础上，企业领导层要根据时代发展步伐，优先选用先进的管理理念和技术，将大数据所表现出的优势运用到企业工商管理决策中，将分析结论运用到企业重要计划的落实中，这样不仅能保障决策管理的真实性和完善性，还可以建设推广系统化的分析体系，以此提升企业综合管理水平。

（六）构建大数据支持的决策管理体系

由于在大数据背景下企业管理决策存在较多的发展问题，所以在日益革新的市场环境中，要真正明确大数据对企业管理决策构成的积极影响，并依据自身发展需求有序进行数据收集分析和应变处理等基础工作。从实践角度来看，现阶段企业管理决策存在以下问题：

首先，企业环境越发复杂。大数据技术是以云计算技术为核心推广的，因为数据信息储存量过于庞大，所以需要为企业管理决策人员提供更为广阔的应用空间，但这也增加了实践发展期间所面临的复杂性。

其次，筛选分析企业决策有关信息的价值存在较高难度。在大数据时代背景下，持续上升的信息数量呈现出指数递增的发展趋势，虽然这一变化对企业管理决策而言具有积极作用，但因为整体数量过于庞大，所以在筛选应用期间存在一定难度，这就需要基于信息价值构建完善的管理决策系统，以此科学处理相关信息问题。

最后，企业管理决策的应用程序与时代发展不符。传统意义上的企业决策要在收集资料中拟定实施，但因为整体操作步骤过于烦琐，所以实践管理决策的制定存在滞后性。通过对决策管理的制定过程进行简化处理，可以在提升实践工作效率的同时，保障所获取信息的价值内容。

（七）构建集成系统拓展决策主体

一方面，在制定企业管理决策时，因为整体信息数量过于庞大，实际影响因素较为复杂，所以要在实践发展中构建具有企业级的大数据集成系统，注重合理运用云计算形式来展现大数据技术优势，这样不仅能深入探讨信息的应用价值，还可以帮助企业更快适应多变的信息环境。因为企业之间的规模和等级存在较大差异，所以不同类型的企业要根据自身需求构建符合发展的大数据集成系统，确保这一系统在运行期间具有延展性、实用性、综合性等特征，以此引导企业进行多方面均衡发展。除此之外，这一数据集成系统要帮助用户进行信息反馈，快速了解市场需求，以此为相关决策管理提供基础依据。

另一方面，由于市场一直处在持续发展状态中，所以无论是新业务还是新产品的提出都在拓展企业决策管理的范围。因此在大数据时代背景下，要突破传统管理模式的限制，注重结合新时代发展需求提出更加科学的决策方案，积极探讨和关注情报信息机构和专业咨询机构提出的建议，以此在降低决策管理风险的同时，保障信息具有专业性和综合性以实现企业发展。同时，还要加大专业人才的培养力度，注重从全面发展角度入手对企业决策管理进行深层探索，明确新时代发展中大数据的重要作用，以此运用大数据技术理论优势强化企业的综合管理水平。

四、基于大数据的企业工商管理革新分析

（一）全面掌握新时代企业工作特征

在经济全球化发展趋势的影响下，我国企业建设正处在全新的环境中，为了可以在竞争越发激烈的市场中脱颖而出，要结合时代发展要求重视工商管理决策的革新工作。尤其是在进入大数据时代后，面对全新的社会主义市场经济环境，传统意义上的企业工商管理决策已经无法满足当前社会的需求，因此企业管理人员不仅要根据发展中的具体问题，提出具有针对性的管理决策，还要强化企业创新力度，积极应用先进技术理念，只有这样才能保障企业稳步发展。从新时代发展角度来看，企业工商管理决策具有以下特征：

首先，知识是改变企业工商管理模式的主要因素。在现代化发展中，知识技术既是企业建设革新的核心要素，也是企业获取发展动力和实现目标的战略资源。基于企业工商管理人才培养制定完善的知识体系，有助于提升企业的核心竞争力，因此大数据时代下的企业工商管理革新重点就是知识管理，将知识看作企业工商管理革新的切入点，可以为实现可持续发展提供充足准备。

其次，持续改变新时代企业经营模式。基于大数据技术衍生的网络销售平台，逐渐改变了传统市场经营模式，尤其是在构建规范化的电子商务体系后，各行业的改革步伐越来越快，各企业不仅要摆脱传统经营理念的限制，积极学习多样化的营销理念，还要快速适应市场发展的

新规则，优化企业工商管理模式，最终以全新的姿态去应对竞争越发激烈的市场环境。如果继续沿用传统发展模式和管理手段，那么必然会被时代所淘汰。

最后，强化企业的管理思想。在大数据时代下，知识技术日益更新，为了解决企业工商管理思想革新问题，管理人员要积极引用国内外先进的管理思想，充分发挥本土的优秀管理精神，注重根据自身的发展需求，构建具有区域特色的管理框架，以此为企业革新和发展奠定基础。

（二）明确时代创新的主要方向

由于目前大部分企业管理人员的管理意识、决策水平、创新能力等与实践发展存在较大差距，在实际建设革新中存在弄虚作假等违规现象，所以要引导他们真正认识到大数据技术理念的重要性，进而深入探索如何在企业工商管理决策中对其进行合理运用，并注重在实践发展中强化员工的创新开辟意识，明确时代创新的主要方向，只有这样才能充分展现大数据的积极作用。具体工作涉及以下几点：

第一，构建科学管理意识，提出具有中国特色的管理制度。基于大数据的企业管理理念有待提升，而如何从中国传统家族式管理模式转变成适应现代化发展的管理模式，是当前企业管理人员探索的主要问题。一方面，要摒弃以往"一言堂"的运营模式，积极应用人力资源管理理念；另一方面，要结合市场发展提出合作沟通理念，注重学习借鉴国内外先进的技术软件，只有这样才能真正实现发展共赢。为了创新企业工商管理决策模式，要提出符合时代发展的文化管理理念，注重加强企业管理文化建设工作，营造浓厚的企业文化氛围，强化企业品牌文化和创富文化的管控力度，以此为大数据时代下企业工商管理革新提供有效依据。

第二，利用现代化管理手段，改善企业工商管理决策模式。结合大数据技术平台为企业开发建设包含生产销售、物流运输等多环节的信息管理架构体系。企业管理人员要在熟练掌握信息技术的基础上，结合业务实践全面落实信息化和科技化建设目标，把企业发展成为新时代下的标杆企业。同时，要根据信息化建设计划，全面评估企业发展的各项能力，确保大数据技术理念可以在企业文化中有效渗透。另外，要强化企业的综合管理水平，不断优化企业经营管理模式，以此提升企业的竞争意识和创造水平。对发展迅速且成果优异的中小企业，当地政府要在鼓励支持的同时，总结企业管理决策的革新经验，从而为其他企业发展提供有效依据。

第三，摆脱传统模式限制，推广现代化企业机制。目前民营企业的发展势头越来越强，但要想全面摆脱传统管理模式的限制，就要提出现代化企业管理制度，要在招聘高素质高水平的职业经理人后，将企业转变成股份公司，注重在企业管理决策期间展现职业经理人的应有价值。同时，企业领导要结合实践和制度要求不断完善管理制度和岗位职责，持续优化员工发展的激励机制。

第四，明确大数据时代的变化趋势，构建管理创新的发展体系。根据近年来企业建设革新累积的经验显示，建设管理创新的发展体系要从以下几点入手：其一，注重展现企业在管理创新中的积极作用；其二，充分发挥市场机制对企业的推动作用，正确应对顾客需求和市场变化之间的矛盾冲突，以此明确管理创新的发展方向；其三，规范中介机构在企业工商管理创新中的咨询服务，优先选择具有专业性的中介机构参与革新探索；其四，明确当地政府在企业创新管理中的支持作用，注重为企业和金融部门之间的沟通交流构建良好平台；其五，要在技术创新和人才发展等方面全力提供支持，积极采纳专业人才的创新建议，帮助企业解决工商管理决策期间遇到的问题。

第二节　树立资本经营的管理理念

资本价值实现的必要条件是处于循环流动的资本，只有流动性的资本才能确保其价值的实现，资本流动的过程实际上也是资本增值的过程。企业可以对可流动的资产进行动态整合，从而实现资本的增值。可以说，企业经营管理的过程既是企业经营资本增值的过程，也是通过技术改进、对企业经营管理模式进行完善的过程。企业通过加强经济效益等诸多途径来实现企业资本的增值，为企业创造更多的利润。同时，利用产生的利润进一步扩大企业的现有规模，加快促进资本的流转，为企业获取更好的经济效益。资本运营是企业经营管理的重要组成部分，只有资本有效运营，才能确保企业经营管理目标的实现。在企业资本运营过程中，需要充分地利用企业自身的资本，还要善于对社会资源进行支配利用，利用融资手段和可利用的资本，为企业的健康稳定发展提供充足的物质保障。

一、优化资本结构

优化资本结构是资本经营的核心，可以通过多种手段来实现，例如，股权融资、债权融资、并购重组等。企业应根据自身的资本结构、发展阶段、市场需求等因素，合理选择资本运作方式，调整资本结构，提高企业的融资能力和风险控制能力。

（一）健全企业内部积累机制

随着经济全球化以及我国经济的快速发展，我国企业也有了突飞猛进的进步，其所起的促进作用是不可忽视的。在我国，企业成长不仅使我们的国民经济有了很大的提高，而且还解决了就业问题，对我国社会稳定、国家长治久安做出了巨大的贡献。然而，由于我国企业规模小、缺乏资金，并且我国也没有很好的扶持政策，使得融资问题一直是困扰企业进一步发展的主要问题之一，在很大程度上制约了中国经济的快速发展。因此，解决中国企业融资问题，使企业健康发展是首要任务。纵观中外企业的快速发展史，企业的发展在很大程度上取决于企业时间的积累，所以指望所有的企业追加投资，债权人更要增加这方面的投入。虽然外源融资极大地提高了资源的优化，但是社会宏观资源的优化、企业微观经营的发展非常重要。内源融资对于外源融资来说是强有力的保障，上市公司也需要按照相关章程，注入资本，从而确保公司的生存。在资金的运用过程中，只有充分利用资金，才能减少资本的闲置，提高资金经营的效益。

（二）促进债券市场与股票市场的和谐

我国的资本结构滞后，是导致我国企业融资手段单一的主要原因，融资手段过度落后就造成了股票市场的紊乱，进而影响了我国债券融资治理方面的效果。我们要鼓励业绩好的上市公司进行融资，从而促进债券市场与股票市场能够更加融洽。上市公司理应不断地进行创新，不断地调整自身的结构，从而发展我国的债券市场，为企业资本结构优化打下坚实的基础。

（三）加紧资本运营

上市公司最大的优势就集中表现在资本的运营操作更科学。但是资本运营是一个长期的过程，资本结构要想立足于企业，就需要对资本的构成和经营风险进行优化。当资本结构低，经营的风险就会加大。如果产业过度集中，不适合进行过多的举债，对于处在高度竞争行业的企业，当资本结构是债务结构的时候，就需要考虑自身的现金流，不能盲目扩大债务。企业要根据自身的发展状况，优化资本结构，同时还需要考虑企业的价值，真正关注企业风险的适应能力，通过不同的融资手段，企业的资本结构能够更加具有弹性。在现代企业中，我们需要认识并保持企业在举债方面的能力，以保证企业资本的完整性。

（四）加强有效信息传送机制

现代资本结构是一个以信息非对称为重要基础的结构，资本结构优化是一个非对称缓和的过程。所以要想实现资本优化，就需要搭起委托人和代理人的信息沟通，这样才能保证对企业强有力的约束和鼓励，提高金融市场运作的效率，不断地降低信息非对称所造成的资本融资交易中的困难。上市公司要想优化企业的资本结构，就需要建立完善的信息传递机制，加强信息的披露管理，降低优化企业结构过程当中的成本，重点构建完善的信息披露机制，提高上市公司执行层对于公司信息披露的准确性。在企业内部我们要进一步完善企业的标准，根据财务会计准则，完善相关的制度，并要求小股和会计师事务所进行上市公司信息方面的披露，从而达到对企业的制约和监督。

二、增强企业盈利能力

资本经营可以通过提高企业的盈利能力，实现企业长期健康发展。企业应根据市场需求、行业竞争状况、企业自身实际情况等因素，优化产品结构、提高产品质量、降低成本等，从而提高企业的盈利能力和市场竞争力。

（一）增强企业销售获利能力

企业盈利能力的强弱在很大程度上取决于销售获利水平。因此，增强企业销售获利能力，首先应提高自身的市场占有率。通过门店扩张、经营创新或提高产品质量等方式，提高自身经营规模，从而保证自身在市场中占据有利地位；其次应强化企业经营管理质量，完善内控管理机制、财务管理机制、目标责任考核体系，选拔和培养专业化人才，建立人才机制，以满足企业不断扩张增长的各类需求。

（二）加强成本管理，控制成本费用

成本费用的下降不仅减少了企业的现金流出，也让生产经营有了更大的利润空间。控制成本费用是实现盈利的重要因素，直接影响着企业的盈利能力和损益状况。

加强成本管理，有效控制成本费用，首先，应科学地进行采购成本管理。通过制订合理的采购计划，建立供应商评分制度，积极与供应商建立稳定的合作关系，建立起完善采购基础工作的管理体系，在保证生产需求的同时达到降低采购成本的目的。

其次，采取优化生产流程、技术创新、产品质量管理等措施，努力降低产品生产成本。此外，还应该加强财务预算管理。预算管理能够实时监控企业各项经营活动，发挥财务管理的监

控职能。

最后，可以建立起成本费用考核机制与奖惩机制，这能在一定程度上有效控制成本费用。值得注意的是，企业不应该只关注其成本费用的控制，片面地追求企业短期利润，还应结合企业实际提升市场竞争力；制订战略计划，考虑其长远发展；制定合适的成本费用制度，保证不影响企业发展，从本质上提升企业盈利能力。

（三）改善资产结构，提高资产运营能力

企业资产运营状况也是影响企业盈利能力的重要因素之一，合理调整资产结构，提高资产使用效率，能提高企业的资产运营能力，从而增强企业盈利能力。

提高企业的总资产运营能力，首先应合理分配各项资产的比例，避免资产出现闲置而造成资源浪费。对于企业的闲置资产、不能给企业带来经济利益的资产，甚至部分低效益资产，都应果断地转让、出售或进行资产置换，合理改变企业的资产结构，充分提高企业的总资产运用效率。

其次，提高各项资产的利用程度，尤其是应收账款、存货和固定资产的利用效率。

最后，还应加快资金周转效率。可以通过加强对企业应收、预付款的管理，尽可能地减少应收和预付款的余额，减少无效资产，不断完善资产结构，从而提高资产运营能力。

三、加强风险控制

资本经营需要充分考虑风险因素，加强风险控制是保障企业健康发展的重要手段。企业应根据市场风险、行业风险和企业自身风险等因素，制定相应的风险控制措施，防范和应对各种风险，保证企业稳健发展。同时，企业应加强财务管理，实现对资金流动的全面监控，确保企业资金安全。

（一）增强经营管理意识

通过对供应链管理、企业工商管理信息披露情况调研和分析，发现大部分信息披露中法律风险的产生，多数与相关人员法律风险意识薄弱有关，因自身工作行为为企业带来信息披露法律风险。

针对此方面问题，供应链管理企业应增强经营管理意识，在长期经营管理中，养成遵纪守法基本意识，改变以往粗放型经营管理观念，将高质量、高效益管理理念融入企业经营管理中；企业一切经营管理工作必须严格按照相关法律法规来开展，发生法律风险时，也要运用法律手段来保护企业利益，保证自身合法权益不被侵害。除企业各级管理人员要增强经营管理意识和法律风险意识以外，内部各工作岗位人员也要有正确的法律意识，了解与熟悉各项法律制度内容，将其落实在日常工作中的同时，也能最大程度上避免企业工商管理信息披露中的法律风险，提升自身法律风险防范能力，为供应链管理企业稳定发展提供基础保障。

（二）重视信息披露审核

随着我国经济体制改革不断深化，在经济快速发展推动下，向有关部门履行信息披露义务，避免信息披露中潜在法律风险及利益冲突，有利于有关部门对供应链管理企业进行监管，进而保证企业合法经营。事前审核是信息披露重要环节，信息披露出现问题，有部分原因是工

作失误导致的，也有部分是在实际操作过程中，相关人员因没有仔细审核信息披露内容，漏掉了信息披露中所牵涉的法律风险内容造成的。

针对此方面问题，供应链管理企业应重视信息披露审核，在有利于加强法律风险防范的同时，降低由法律风险带给企业的影响。结合企业实际经营情况，应在此基础上建立信息披露二级审核机制：一是将需要披露的信息提交给工商管理人员来进行全面审核，审核所披露的信息内容是否存在诱发法律风险的信息；二是将已完成的信息披露方案提交给部门领导进行全面审核，以此来确认所披露的信息内容是否存在诱发法律风险的信息。企业工商信息披露通过二级审核，在一定程度上能够有效排除信息披露中潜在违规信息，从而降低信息披露中法律风险发生的概率。在信息披露方面，企业应落实以信息披露为中心的审核理念，强化有关部门对企业相关信息披露的监管。例如，随着知识产权价值提升，知识产权逐渐成为企业重点披露和突出披露的信息，尤其是一些科技型中小型企业更加重视知识产权信息披露，其主要原因是知识产权是企业核心竞争力重要体现，同时也是企业无形资产的重要组成部分。为规避知识产权法律风险，企业需要健全和完善知识产权管理机制，对企业知识产权及商业机密进行保护，做到事前预防、事中控制以及事后补救全过程管理，确保企业工商管理信息披露中不会出现知识产权被侵害等问题。

（三）利用法律手段维护企业利益

普遍供应链管理企业在工商管理中进行信息披露后，通常会对企业正常经营带来一定负面影响。因此，针对供应链管理企业来讲，为更好地预防信息披露中潜在法律风险，在面对法律风险时，利用法律手段维护企业利益是十分必要的。例如，当企业自身合法权益受到侵害时，企业可通过法律手段对相关涉事企业提出制裁，以侵害企业核心利益为出发点，杜绝相关违法行为发生，最大程度上降低法律风险对企业利益的影响。此外，建立劳动人事制度，健全与完善劳动人事制度相关内容。大部分企业经营活动中所牵涉的劳动人事关系都较为复杂，而这些信息都需在工商管理中进行信息披露，通过健全与完善企业劳动人事机制和相关商业合同拟定内容，有利于更好地保护企业核心机密。

除此之外，当企业设立、变更、经营以及解散时都会涉及信息披露，若信息披露不当，不仅会造成严重利益损失，企业信息也会受到影响，严重可能面临破产倒闭等风险。因此，针对供应链管理企业来说，业务活动涉及较为广泛，加深了业务复杂程度，加强对工商管理中信息披露关键问题的关注，在一定程度上可弥补监管缺失漏洞。结合企业实际经营情况，根据有关部门要求，及时进行信息披露，比如投资情况、管理业务以及资产负债等，做好相对应法律风险防范措施，将法律风险对企业核心利益影响降到最低，从而确保企业长远性发展。

（四）完善法律法规

企业工商管理在信息披露时存有法律风险，部分内容会涉及合同法；企业投资者与其他股东间的关系会涉及劳动合同法与合同法。在开展工商管理期间若发生信息披露风险，会损害经营者利益，若无故终止、变更了合同内容则会在不同程度上损害股东知情权，不利于企业的发展与经营。在披露工商管理类信息时，若董事会内部的权责模糊会引发违约风险，其属合同法内的重要内容，若被起诉将会给企业带去不可估量的损失。

一方面，企业在开展工商管理期间要针对其可能生成的信息披露风险设置出完整的预警机制，针对其具体数额可采取分级处理模式，不同的风险级别要设有适宜的处理方法，提升风险管控的手段与水平，有效弥补合同法内存在的信息披露风险。

另一方面，相关部门还需逐步完善相应的法律法规，工作人员应依照当前企业发展的实际状况来改进与信息披露相关的法律法规，并加大宣传力度，引导企业内部增加法律法规的学习，使其条款内容更为细致，有效堵塞各类法律漏洞，防止企业的经济蒙受损失。

（五）设置信息技术平台

随着信息技术的快速发展，企业在进行工商管理时也可逐渐设置信息技术操作平台，有效加强其内部信息的安全性。具体来说，工商管理期间的信息披露较为分散，在实行正式管理时难以降低信息引发的风险，管理人员应合理收集该类信息并将其放置到系统性平台中，透过操作平台的分析与整合，可有效储存大量信息。针对不同信息将其归到相应的法律条款中，既让企业内部人员意识到了信息披露可能引发的法律风险，又保障了此类信息的安全性，降低了在应用时出现法律风险的概率。

此外，借助信息技术平台还能有效预防企业可能遭受的法律风险，比如，在执行工商管理期间，相关人员会披露出各项信息，若在正式披露前就将其放置到信息平台中可有效分析出其承受的法律风险，针对其生成法律风险的概率来公布相应内容，不仅能适时降低风险作用下的企业损失，还能提高工商管理效率。遵从预防为主、诉讼为辅的基本原则，切实控制工商管理的全过程，保障其风险管理水准。

四、落实资本经营的管理理念

一个企业想在市场中存在得更加持久，必须加强科技、理念和管理方面的建设。

（一）技术革新

科学技术是一切生产加工的推动力，在当今企业的发展过程当中，它是能够提升企业实力，在竞争当中取得优势的主导力量。世界上的发达国家，对技术上的革新是很看重的。最近几年，我们国家也在技术革新方面有所提高，取得了不错的成效，我国一些一线城市，例如北京、广州等地，技术革新方面就发展得很不错。技术的革新对时代的发展、经济的进步是有显著功效的。企业要加速发展，可以从以下几个方面进行：

1. 招聘技术革新方面的人才

人才是至关重要的，任何技术都来源于人的发明。一个企业，人才的缺失就是最大的缺失，缺少了人才，一个企业就无法推行可持续发展战略。

2. 加大资金的技术革新

一个企业，在争取利益的过程中，一定要重视企业的资金情况，它是一切的基本保证。人力、物力的增加，改善公司的经营管理战略，要根据本身实力量力而行，保证一切的运作正常进行。

3. 对技术革新方面应该多加鼓励

对那些技术方面的人才应该实行奖赏制度，他们在企业的发展、科学的进步方面发挥了不小的作用。他们对曾经的商品和生产技术进行更新，购进先进的技术，改变旧的经济体制，改变陈旧的生产规模，使企业逐渐适应现今的社会。

4. 规划企业的发展模式

特别在技术革新方面，明确目标方向，让商品融入市场，提升商品的市场占有率，创造有特色，有自己标志的商品。

（二）资本经营的确认

不确定性是资本的本质特征，有着它自己的不确定因素，也只有在有不确定因素的情况下，才能体现自身的魅力所在，自身的能力也能得到很好的体现，并在这不确定且变化多端的情形下确定资本经营。企业会将资产的不固定性、存量的不固定性等等都进行调节整理，将其变得越来越保值。经营一个企业的过程其实也就是对这些企业进行改进的过程，其间不断地对各方面进行加工和完善，让企业优势发挥更大，得到更多的利益，在竞争中，提高自己的竞争力，优化自己的品牌形象，加大生产提高能力，完善资本内部的管理，确认资本经营。

（三）加强风险危机意识

任何事情都不可能在百分百安全的情况下进行，都是存在风险的，尤其是企业运营也免不了风险的存在。在企业的运营过程当中，经济风险是市场风险无法规避的，一有不慎就会造成无法弥补的损失。所以，企业一定要有风险意识，做好紧急规划，当风险来临时采取合适的措施应对而不至于束手无策，在应对风险的方面，企业有多种办法和解决途径。就当下的企业而言，其发展方向是迈向市场、走进市场，为自己的商品发展起到推动作用，在市场竞争激烈的情况下占据有利的位置，提升企业品牌形象。企业的发展情况要以市场为原则，根据市场的倾向来创造产品和革新技术，使自己在竞争激励的环境下占据自己的优势，规避风险的发生。所以，企业要加强风险意识的存在。在技术革新的同时，生产力也在大大提升，正在进行着新情况下的产业结构规划，市场的不稳定因素、企业的倒闭现象，都使企业面临着风险，都有太多的不确定因素，所以在经营管理当中也是存在风险的。风险越大，危机感就会越强，企业会更加积极地进行品牌形象的塑造，产品的更新，提高市场竞争力，以求降低风险。

第三节　建立健全现代化企业工商管理体制

企业实施管理理念，必然会改变企业现有经营管理模式，企业的组织机构运作以及员工形成的固有的工作习惯必然会受到很大的冲击，企业管理者以及员工都需要适应管理理念的实施，将目光放得长远一些，运用全新的眼界参与企业管理。无论对于企业管理者还是企业员工管理理念的实施，势必要经历一个漫长而艰难的过程。企业管理者务必要注意将工商管理理念与现代先进的管理理念相结合，与企业员工进行有效沟通，消除员工的抵触情绪，真正做到以人为本，将人力资源看作是企业发展最重要的资源。

一、现代化企业工商管理体制的意义

建立健全现代化企业工商管理体制，对于企业的长期发展具有重要意义。通过建立科学、规范、有效的管理体制，可以提高企业的经营效益和竞争力，促进企业的持续健康发展。

（一）提高管理效率和竞争力

建立现代化企业工商管理体制，可以提高企业的管理效率和竞争力。现代化管理体制可以通过信息化手段、规范流程和制度，增强管理创新，提高管理效率和运营效益来实现。同时，现代化企业工商管理体制还可以强化企业内部控制和风险管理，降低企业经营风险。

（二）帮助企业应对外部环境变化

现代化企业工商管理体制可以帮助企业应对外部环境的变化，从而提高企业的抗风险能力。在快速变化的市场环境中，企业需要及时了解市场信息、调整经营策略、加强内部管理等，现代化企业工商管理体制可以提供更加有效和精准的管理决策，帮助企业应对市场变化和承担风险。

（三）提高企业创新能力

现代化企业工商管理体制可以促进企业的管理创新和技术创新，提高企业的创新能力。现代化企业工商管理体制可以加强企业内部知识管理和创新管理，提高企业员工的创新意识和能力，从而推动企业技术创新和产品创新，提高企业的核心竞争力。

（四）优化企业管理结构和流程

现代化企业工商管理体制可以优化企业的管理结构和流程，实现管理精细化和科学化。通过建立科学、规范、有效的管理体制，企业管理结构更加合理，管理流程更加清晰，各项管理工作更加协调，从而有利于提高企业的管理效率和运营效益。

（五）提升企业社会形象和信誉度

现代化企业工商管理体制可以提升企业的社会形象和信誉度。企业在建立现代化管理体制的同时，也会注重企业的社会责任和公众形象，实现企业的可持续发展和承担必要的社会责任。良好的企业形象和信誉度可以带来更多的商业机会和资源，提升企业的竞争优势。

总之，建立健全现代化企业工商管理体制，对于企业的长期发展和持续竞争具有重要意义。现代化管理体制可以提高企业的管理效率和竞争力。

二、建立科学的管理机构和管理制度

企业要建立科学的管理机构和管理制度，以保障企业的正常运营和管理。企业应根据自身的规模、组织结构、业务特点等因素，合理设置管理层级和管理职能，并制定相应的管理制度和流程，确保企业各项工作的有序开展。

（一）建立科学的管理机构

企业管理机构是指企业内部的管理组织和人员，是企业内部决策、执行和监督的重要机构。建立科学的管理机构可以提高企业的管理效率和运营效益，增强企业的竞争力。具体来说，可以从以下几个方面建立科学的管理机构：

1.建立清晰的组织结构

建立清晰的组织结构可以明确企业内部的职责和权利，提高组织效率和协调性。企业应该根据业务特点和组织规模制定相应的组织结构，并建立清晰的职责和权利分工，明确各部门和人员的职责和权利，避免职责不清和权利不明的问题。

2. 完善岗位设置和流程制度

完善岗位设置和流程制度可以保证企业内部工作的规范化和流程化。企业应该根据岗位特点和业务流程制定相应的岗位设置和流程制度，确保各岗位和流程之间的衔接和协调，避免因流程不畅和信息不对称导致的效率低下和误解。

3. 建立有效的决策机制

建立有效的决策机制可以保证企业内部决策的科学性和合理性。企业应该根据决策的重要性和紧急程度制定相应的决策机制，明确决策的流程和程序，确保决策过程的透明和公正，避免因决策不当导致的风险和损失。

4. 加强内部控制和风险管理

加强内部控制和风险管理可以提高企业内部的安全性和稳定性。企业应该建立内部控制和风险管理制度，规范企业内部控制和风险管理的流程和程序，加强内部监督和风险控制，避免因内部控制不力和风险管理不当导致的损失和影响。

（二）建立科学的管理制度

企业管理制度是指企业内部规范行为和规定管理流程的一系列规章制度。建立科学的管理制度可以提高企业的管理效率和规范化程度，从而提高企业的竞争力和发展潜力。具体来说，可以从以下几个方面建立科学的管理制度：

1. 建立健全的人力资源管理制度

人力资源是企业最重要的资产之一，建立健全的人力资源管理制度可以提高企业员工的满意度和忠诚度，保障企业的人力资源供给和使用效率。企业应该建立健全的人力资源管理制度，包括招聘、培训、评估、激励、福利等方面的制度，明确员工的权利和义务，保障员工的合法权益，提高员工的职业素质和工作效率。

2. 建立健全的财务管理制度

财务管理是企业经营管理的重要组成部分，建立健全的财务管理制度可以保障企业的财务安全和稳定，提高财务信息的准确性和透明度。企业应该建立健全的财务管理制度，包括会计核算、财务分析、成本控制、预算管理等方面的制度，用以确保企业财务信息的准确性和合法性，防范财务风险和财务纠纷。

3. 建立健全的市场营销管理制度

市场营销是企业获得市场份额和利润的重要手段，建立健全的市场营销管理制度可以提高企业市场营销的效率和效益。企业应该建立健全的市场营销管理制度，包括市场调研、品牌推广、销售渠道、客户服务等方面的制度，制订相应的市场营销策略和计划，提高企业在市场竞争中的地位和竞争力。

4. 建立健全的信息化管理制度

信息化是现代企业管理的重要趋势，建立健全的信息化管理制度可以提高企业信息化应用的效率和效益，促进企业的数字化转型和创新。企业应该建立健全的信息化管理制度，包括信息采集、信息处理、信息共享、信息安全等方面的制度，制订相应的信息化战略和计划，提高企业信息化应用的水平和能力。

三、建立完善的内部控制体系

建立完善的内部控制体系，可以帮助企业规范各项管理工作，提高管理效率和监控能力，降低经营风险。企业应建立科学的内部控制体系，包括内部控制制度、内部审计、内部监管等，建立完善的内部控制机制，确保企业的财务状况和经营活动的合法性和规范性。建立完善的内部控制体系需要从以下几个方面进行：

（一）建立规范的制度和流程

企业需要制定一系列规范的制度和流程，包括资金管理制度、采购管理制度、销售管理制度、生产管理制度等。这些制度和流程需要明确企业内部的各项管理规定、工作流程和责任制度，建立完善的内部控制框架，从而规范企业的各项经营活动。

（二）建立科学的组织结构

企业需要建立科学的组织结构，包括明确职责和权限、规范管理层级和管理流程等方面。企业应该根据自身的经营特点和管理需求，确定合理的组织结构和管理模式，从而建立高效的管理体系和组织机制。

（三）加强内部控制的监督和评价

企业需要加强内部控制的监督和评价，及时发现和解决存在的问题。企业可以通过内部审计、内部检查、风险评估等方式，对内部控制进行监督和评价，发现和纠正存在的问题，及时调整和完善内部控制制度和管理体系。

（四）建立完善的信息化系统

建立完善的信息化系统是企业内部控制的重要组成部分，它可以帮助企业实现信息共享、信息传递和信息管理，提高企业的管理效率和管理水平。企业可以建立财务管理系统、人力资源管理系统、供应链管理系统等信息化管理系统，从而提高企业的内部控制水平和管理能力。

（五）培养专业化的内部控制人才

企业需要培养专业化的内部控制人才，包括内部审计师、风险管理师、信息安全师等。这些人才可以帮助企业加强内部控制的监督和评价，提高企业的管理水平和管理效率，从而为企业的可持续发展打下坚实的基础。

内部审计师是企业内部控制的核心人才之一，主要负责企业内部审计工作。他们需要具备良好的财务、管理、法律等方面的知识，熟悉企业内部控制制度和管理流程，能够识别并解决存在的风险和问题，从而提高企业的经营稳定性和合规性。

风险管理师是负责企业风险管理工作的专业人才，主要负责评估企业面临的各种风险，制定相应的风险管理措施，保障企业的经营安全。他们需要具备深厚的风险管理理论知识和实践经验，能够熟练运用风险管理工具和方法，为企业提供全方位的风险管理服务。

信息安全师是负责企业信息安全管理的专业人才，主要负责保障企业信息资产的安全和保密工作，防范各种信息安全风险。他们需要具备丰富的信息安全管理理论和实践经验，熟悉信息安全相关法律法规和标准，能够有效地识别和应对各种信息安全威胁和风险，保障企业的信息安全。

为了培养专业化的内部控制人才，企业可以采取以下措施：

1. 建立内部控制人才培养机制

企业需要建立完善的内部控制人才培养机制，包括内部培训、外部培训、实习和交流等方面。企业可以通过内部培训、外部培训、参加会议和学术交流等方式，提升内部控制人才的知识水平和实践能力，从而满足企业对内部控制人才的需求。

2. 加强对内部控制人才的选拔和评价

企业需要加强对内部控制人才的选拔和评价，建立内部控制人才的评价机制，以确保内部控制人才的专业素质和工作能力得到有效的评价和提升。同时，企业还需要建立内部控制人才的激励机制，通过提供良好的薪酬和职业发展机会，吸引和留住优秀的内部控制人才。

3. 开展内部控制人才培训计划

企业可以针对不同级别的内部控制人才，制订不同的培训计划和课程。内部控制人才培训计划应该与企业的战略和业务目标相一致，涵盖内部控制的基础知识、风险评估和监督管理等方面。

4. 与高校合作，引进优秀人才

企业可以与高校建立合作关系，吸引和引进优秀的内部控制人才。企业可以通过招聘、实习和毕业生培训等方式，培养和引进具有内部控制专业素质的人才，提高企业的内部控制能力和管理水平。

5. 加强内部控制人才的沟通和交流

企业可以通过内部控制人才的沟通和交流，分享经验和管理思路，提高内部控制人才的整体水平。内部控制人才可以通过交流和互动，学习和掌握最新的内部控制理念和实践经验，提高内部控制的管理水平和效果。

总之，企业需要重视内部控制人才的培养和管理，建立完善的内部控制人才培养机制和评价体系，加强对内部控制人才的选拔和激励，同时开展内部控制人才培训计划并与高校合作，引进优秀人才，加强内部控制人才的沟通和交流，为企业的内部控制工作提供有力支持和保障。

第四节　培养工商管理专业人才

一、培养工商管理类人才培训管理体系的设计

（一）培训管理体系设计的目的与原则

1. 企业培训管理体系设计的目的

培训管理体系构建方案目的主要有以下几个方面：

使企业培训管理体系趋于制度化、规范化、体系化。

合理开发利用人力资源，使员工通过系统培训加深对企业与自身的了解，建立与企业同呼吸共命运，休戚与共的关系。

通过建立培训管理体系，提高管理层的管理意识，建立学习型组织，不断完善公司内部管理机制。

通过实施培训管理体系，提高员工基础能力、技术能力、管理能力，以达到工作效率、经济效益的提升。目前有些现有的培训管理体系还不完善，导致了诸多问题的出现，希望能够通过新的体系的建立使目前的情况有所改善。

2. 企业培训管理体系设计的原则

在建立新的培训管理体系时必须遵循一些基本原则，这些原则是培训管理制度建立的重要理论依据，又是培训管理体系应满足的基本条件。

（1）公开性原则

管理者应该最大限度地减少培训工作的神秘感，要向员工明确说明培训管理的标准、程序、方法、时间等事宜，使培训管理有透明度，只有这样才能提高员工参加培训的积极性；要让员工了解到通过培训可以帮助其在工作态度、技能及知识方面有所改善。

（2）重要性原则

培训管理要抓住重点。因为在一个企业的价值创造过程中，存在着"20／80"定律，也就是重要的少数人员创造企业大多数的价值，同样，大多数的工作任务可能是由少数人的关键行为完成的。

（3）客观性原则

培训管理要做到以事实为依据，对受训者的评价应有事实根据，按个体的绝对标准进行考核，引导员工改进工作。

（4）重视反馈的原则

在培训管理中，培训部门应该与受训者开诚布公地进行沟通与交流，培训结果要及时反馈给受训者，并积极听取受训者的意见和想法。

（二）企业新培训管理体系的组成部分

培训管理体系管理作为企业管理活动，应该是一个完整的系统。通常有效的培训管理的核心是一系列活动的连续不断的循环过程，一个培训管理过程的结束，又是另一个管理过程的开始。完整的培训管理体系应包括培训需求分析、培训项目开发、培训项目执行及培训结果反馈四个部分。

如图 7-1 所示：

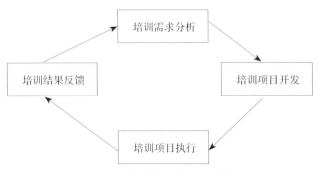

图 7-1　培训管理体系组成图

1. 培训需求分析

培训需求分析是指在规划与设计每项培训活动之前，由培训部门、主管人员、工作人员等采取各种方法和技术，对各种组织及其成员的目标、知识、技能等方面进行系统的鉴别与分析，以确定是否需要培训及培训内容的一种活动或过程。在此将对企业的培训需求分析流程进行新旧对比阐述，企业新的培训管理体系的培训需求与现有的培训模式从发起方式上有所区别，以前的模式是典型的"需求—解决"模式，所有的培训需求都是由运营经理或呼叫中心主管发起，这样导致的问题是获取信息不够全面，培训部门不能前瞻性、预见性地开发一些课程；而新的需求分析流程可以由培训部主动搜集培训需求，也可以根据客户需求以及市场要求，将多种方式结合起来后，发起培训需求分析，下面将分别对以前的和新的培训需求方式进行具体阐述：

（1）运营经理或呼叫中心主管发起培训需求

由运营经理或呼叫中心主管提出培训申请，填写完培训申请表后提交给培训部进行审批。培训申请表中包含了培训课程名称、培训师、培训时间、培训地点、培训方式、培训前受训者停留的水平及培训的目标等信息。

培训部收到培训申请表后，确认是否为培训部培训范围，如果不是培训部培训范围，拒绝此培训申请；是则跳转到下一步。

如果经培训部确认此培训申请为培训部培训范围，检查此用户的培训记录，确认该用户是否具备培训条件。需要参加培训人员必须具备以下至少其中一个条件，否则，拒绝培训申请。

参训者为刚加入公司的新员工。

参训者从未接受过公司此类课程的培训。

参训者以前参加过此类课程的培训，但是需要后续跟进的培训。

参训者以前参加过此类课程的培训，但是根据运营经理或呼叫中心主管的反馈，对此部分知识或技能掌握不佳，需要再次进行培训。

参训者参加过此类的培训但是有部分知识欠缺，需要再次参加培训补充知识欠缺部分。

如果需要参加培训人员具备参加培训的条件，培训部检查此培训要求的时间是否与已有培训计划冲突。如果是，与运营经理或呼叫中心主管协商培训时间；如果与已有培训安排无冲突，进入培训项目开发流程。以上流程为由运营经理或呼叫中心主管发起的培训需求。

（2）培训部主动发起的培训需求

为了打破原有的"需求—解决"的单一培训模式，培训部不仅应从运营团队收集培训需求，而且应从更多的渠道来收集培训需求，包括呼叫中心的质量管理人员、问题管理者、项目协调员、绩效管理处收集培训需求，希望通过各个部门的协作和配合，更加全面地了解呼叫中心的现状，为呼叫中心制定出更加适合当前需求的培训课程。

培训协调员每季度发送"管理人员反馈表—问题工作表"给管理团队收集季度培训需求。培训部发起的培训需求调查主要是每季度给公司的管理团队发送"管理人员反馈表—组织中的问题"，调查的内容包括管理者的姓名、职位，以及从一个管理者的角度发现组织中的问题是什么？此问题重要程度是什么？为什么选择这个等级？你认为解决该问题会涉及的部门？此类问题今天的实际绩效？解决该问题所要求的绩效？需要培训部门提供的课程培训等等。

运营经理、呼叫中心主管、问题管理者、项目协调员、质量管理人员如实填写问题工作表并提交给培训协调员进行汇集整理。

培训协调员将各个职能部门反馈的问题工作表进行收集、汇集并整理。按照培训申请对于呼叫中心的重要性原则进入培训项目开发流程并在每个季度末推出下一个季度的培训课程表。

（3）根据客户需求以及市场要求发起培训需求

根据市场环境变化或者客户需求发起的培训需求计划和分析：

定期和客户进行沟通。定期和客户进行交流沟通，了解当前服务执行情况，了解当前存在的问题，与客户共同分析，找出问题根源，并将结果反馈给培训部门以及运营部门，在公司内部确认现状。

发现现有问题，追踪绩效。根据沟通反馈，确认问题，由运营团队和质量管理部门共同对问题加以分析，从绩效角度和公司财务角度，考虑问题的性质，同时和培训部门一起，共同研究问题实质和目前缺失内容，并形成归档。

针对现有问题，分析培训需求，在内部达成一致。培训部门根据调查结论，结合行业经验以及市场未来发展情况，提出培训需求分析，该需求分析应该具有一定的前瞻性和主动性，能够解决目前培训工作的不足以及能有预见性地避免未来可能出现的一些问题，从而最大化地利用公司资源以达到公司成本节约的目标，使公司的投入和产出成正比。

和客户确认培训需求，达成一致。在公司内部确认了培训计划后，可以告知客户，针对其问题企业将会有针对性地推出培训计划以解决当前问题，该报告应以摘要形式发出，不必将全部细节告知客户。另外，需要与客户达成一致，并将沟通结果形成文档资料，用以查询。

2.培训项目开发

在培训项目开发的这个环节，将分成两部分进行阐述：课程设置和方法选择。

（1）课程设置

企业培训课程根据课程内容的不同，分为新员工培训课程、软技能、基础管理培训课程等几个大的类别。

新员工培训课程培训。

新员工培训课程培训对象为初级技术人员，培训部会发送如表7-1新员工培训确认表，要求新员工在该表上签字，以确认他们已经了解了企业有关的规定和惯例。

课程类别：必修课。

表 7-1　新员工培训确认表

员工姓名		工作部门	
培训日期		工作职务	
培训内容			
公司概况： 公司的创立、成长及发展趋势； 公司的传统、习惯、规范和标准； 公司的业务介绍，包括产品和服务、用户情况； 组织、结构、与子公司的关系，主要团队人员的情况介绍。 主要政策和过程介绍： 加班、轮班制、工资及工资范围、节日工资、付薪方式； 工作费用报销； 个人所得税方法。 小额优惠： 保险金、人寿保险； 病、事假、医疗及口腔保险； 节、假日（如，国家、信仰的节日、生日）； 在职培训计划。			
新员工签字：		签字日期：	
培训师：			

软技能培训课程。

员工的基本软技能是为所有员工设置的，课程均为职业人士所必须具备的技能。包括：时间管理技能、沟通管理技能、团队协作技能，因呼叫中心的特殊性，还专门设置了电话处理技巧课程，随着呼叫中心业务的不断拓展，将会开发更多相关的软技能课程，如员工职业发展、压力管理等等。

软技能培训是通过训练提升员工职业综合素质，潜移默化地提升员工职业素养，以达到综合能力的全面提升，同时可以有效地提升呼叫中心的团队凝聚力，并降低企业员工的流失率。

培训对象：全体员工。

培训目标：提高员工职业素质。

培训安排：设计相应课程，并对员工培训，按课程大纲逐一对内容进行授课。

培训方式：一般采用角色扮演、案例研究、授课、研讨会等方式。

基础管理培训课程。

基础管理培训课程包括诸如基本管理理念培训、人际沟通管理、完整工作流程、团队建设、紧急事件处理技能、员工激励等课程。

培训对象：基础管理层。

培训目标：了解基本管理理念，确保整个团队运作得更加有效率。

培训安排：设计相应课程，并对员工培训，按课程大纲逐一对内容进行授课。

培训方式：一般采用角色扮演、案例研究、授课、研讨会等方式。

（2）课程设计方法选择

在新的培训体系中，使用了以下流程和方法对新的课程进行开发。

培训部识别部门学习需要。培训协调员仔细检查培训部现有培训工作表，查询目前的课程是否有类似课程能满足这些培训需求，如果确认现有的课程有可以满足此培训需求的，将参训者加入培训名单中；如果确认目前的课程无法满足这些学习需求，需要开发一些新的课程来适应这些培训需求，培训部会将新的培训需求添加到本季度的培训计划和预算中。

向培训计划和预算添加新课程。培训协调员会将每门课程的以下信息添加到培训计划和预算中，包括建议的课程与问题、目标或争议的联系；培训对象；将无法解决的问题；目标以及与争议联系的所有课程添加上去。在制订培训计划的过程中，培训部门会遵循培训的资源是有限的原则，因此培训部门不是什么需求都要响应。会根据此培训需求对于组织目前的重要性进行选择，比如员工提出需要提高英语水平，此培训需求虽然与工作相关，但并不是优先等级很高的培训需求，培训部会根据本季度的培训课程安排情况，决定是否将类似的培训需求纳入培训计划当中，培训应该将资源集中在强制性培训和那些支持组织目标的培训上。

确定授课方法。同时从学习的角度和成本的角度确定每门课程最有效的授课方法。

确定授课环境。使用表7-2的确定授课环境检查表确定该参与者是在小组还是在独立的环境中学习最有效。如果在左边的栏目里选择了更多的项目，就考虑小组学习环境；如果在右边的栏目里选择了更多的项目，就考虑独立学习环境。这样有利于授课的时候能有更好的效果。

表7-2　确定授课环境检查表

小组环境	独立学习环境
人们习惯于一起完成项目并享受其中的乐趣	人们习惯独立地完成任务
人们无法抽出时间学习，除非他们可远离工作	人们有很高的积极性，能够抽出时间来完成培训
组织不允许人们远离工作区参加培训	人们无法远离工作参加培训
对课程的需求很大，足以填满教室	对课程的需要小，填满教室可能存在困难

考虑组织约束。根据组织约束，权衡利弊，确定提供给该目标对象的每一门课程的授课方法。对于特定培训对象需要培训的每一门课程，使用下面的清单确定哪种授课方法最为有效——是基于书面材料的还是基于技术的。如果在左边的栏目里选择了更多的项目，就考虑基于书面材料的方法；如果在右边的栏目里选择了更多的项目，就考虑基于技术的方法。

表7-3　确定授课方式检查表

基于书面材料的方法	基于技术的方法
分配给培训开发的时间少	开发的时间很长，但是授课时间很短，并且目标对象的人数很多
开发预算很小	组织需要减少参加培训人员的交通费用
人们倾向于学习时在笔记本上和在课文空白处作记号	便利是人们是否参加培训的一个重要推动
组织无法支持基于技术的培训	组织支持基于技术的培训
人们对技术感到不舒服	人们对技术感到舒服

确定课时并将其加入培训计划和预算中。综合评估内容、授课方法、调查可能的班级人数、考虑组织约束的因素，确定课时并将其加入培训计划和预算中。

评估内容：为了对讲解一项内容会花多少时间有一个感知，培训协调员通常会和该主题的专家进行交谈，主题专家通常对某个东西的繁杂和难易程度有很好的理解，因此也知道学习这个东西需要多少时间。例如：对新的电子邮件系统的学习可能需要1个小时；对于时间管理等课程的学习则需要2个小时。

考虑授课方法：在同步授课方法中，学员之间以及学员和教师之间有实时的互动，因此，同步授课法比自己决定节奏的授课方法时间要长些。这是因为培训师需要花时间来进行讨论和回答问题。当培训协调员和某个主题专家交谈时，假设专家建议的时间是根据实时培训计算的，那么改为培训是自己决定节奏的，培训协调员可以把这个时间去掉 1／3 到 1／2。

调查可能的班级人数：如果打算培训一大批员工（多于 20 人），培训协调员就要在主题专家建议的时间上加上 1／4 到 1／3。这是因为讨论和回答练习会因为参加的人数增加而延长。此外，组织学习活动和使同学们在休息后回到教室也要花较多的时间。

考虑组织约束：组织约束常常在课时中有一定的影响。

确定开发还是购买培训。确定哪些培训可以内部开发？确定哪些培训开发可以外包出去？确定哪些培训需要从经销商处购买？一般培训部门都根据如表 7-4 所示的内容进行检查，确定是否将此课程进行内部开发：

表 7-4　确定内部培训检查表

资源	注意事项
教学设计专业知识	避免开发的责任指定给主题专家。他们可能知道这个专题，但那并不意味着他们知道怎么教别人学这些专题，确保主题专家的教学设计与资源整合起来
时间	如果试图在很短时间里开发出一个很大的课程，那么可能需要配备外部资源
内容专业知识	如果内容没有内容专家，可能需要从经销商那里购买一般课程或让经销商为组织定制需求的课程

可根据如表 7-5 所示的确定外包培训检查表的内容进行检查，确定是否可将内部开发的课程外包：

表 7-5　确定外包培训检查表

需要交给员工的东西是你组织所持有的
从经销商那里购买一般的培训课程很昂贵
内部没有开发培训所需要的教学设计专业知识
内部没有开发培训所需要的时间
内部没有开发培训所需要的专业知识
平均每个人的费用不至于太多

可根据如表 7-6 所示的内容确定是否需要从经销商处购买课程：

表 7-6　确定经销商处购买培训检查表

可找到符合组织要求的课程，无需量身定做
有可以用来购买课程的预算
想要一门已经经过检验并被证明是有效的课程
内部没有开发培训所需要内容的专业知识
平均每个人的费用不至于太多

选择合适的培训师。

如通过第 5 步已经确定培训由内部提供，企业培训部一般根据以下几条原则确定是由培训部的主题专家讲课还是可以开发其他培训人才资源：

是否为技术类培训，如果是，通过 CDM（能力发展矩阵）选择合适人员。[说明：CDM 为 S 公司特有的员工能力模型，为（Capability Development Matrix）能力发展矩阵的缩写。] 在此矩阵中，会由培训部根据每位员工在各个技能中的表现从 1—5 分给予评估，可通过此工具了解所有员工目前的能力，从此数据库中选择出此部分的主题专家。

其中 1 分：代表不具备相应知识或技能；2 分：代表有一定知识但没有接受过公司的培训；3 分：代表接受过培训并通过相应考核；4 分：代表能比较熟练地运用此部分技能或知识；5 分：代表能非常熟练地运用此部分技能和知识。

如果为非技术类课程，由培训部的主题专家进行授课。因为非技术类的课程，需要经过专门的培训才能够上课。所以对于此类的培训在 S 公司仍然由培训部的讲师负责主讲。

通过 CDM 模型的引进，对于技术类的课程可开发更多的培训师资源，这样在一定程度上缓解了培训师的工作压力，因为 S 公司为客户提供 7—24 小时服务的特点，培训师必须跟着 3 班倒才能覆盖到所有的员工。还有一个好处就是让更多的员工参与到培训过程当中来，更多地为公司开发培训人才，同时也增强了员工的工作积极性。

创建培训计划。

创建培训计划需要注意识别可能的经销商、为外包开发或购买的课程定价、为内部开发的课程定价、为课程的交付定价、与交付有关的费用几个环节。

识别可能的经销商：对每一门计划购买的课程，企业一般使用请求同事推荐、网络搜索等方法来识别潜在的经销商。

为外包开发或购买的课程定价：和经销商联系并向其描述这门课程。包括：你的课程对象是谁（职位、人数、地点等等）？是什么课程？这门课的目的是什么？这门课程的课时有多少？计划用什么方式讲授这门课程？回答经销商的这些问题后，咨询关于课程费用的粗略估计。

为内部开发的课程定价：除了内部培训的工资费用，还需要支付在内部开发的课程的其他相关费用。这些费用可能包括教学设计人员为收集信息的差旅费、为研究课程主题而需要购买的图书或复印费、必须购买的课程材料、制作课程的软件费用及文具费等等。

为课程的交付定价：在交付课程计算费用时，还需考虑选择的交付方法，需要提供多少期，以及每一期可能的费用。

与交付有关的费用：与交付有关的费用包括以下一些项目：受训者参加培训的差旅费、教师授课的差旅费、为了授课的租赁设备费、为培训提供的餐饮费、为举办培训而需要提供的其他设施（如：宾馆）的费用、为支持培训而需要的设备或软件费用、为支持培训所需的技术支持费用、将课程材料运送到培训地点的费用、为支持在线培训而升级服务器的费用等等。

二、企业工商管理人员能力的提升途径

（一）调整自身心态

优秀的工商管理人员往往是企业的中坚力量，其能力水平在一定程度上关乎企业的长足发展。除了专业技能，更需要工商管理人员拥有博大的胸怀、开放的心态、广阔的视野，为企业看长远、布大局、谋发展。在实际工作中，工商管理人员并非一帆风顺，往往难免遇到关口狭

隘、瓶颈难题、批评指责，面对难题需要迎难而上，面对批评需要虚心倾听，始终保持包容开放、平和冷静的心态，避免故步自封、倒行逆施。同时，工商管理人员要始终保持认真的工作态度，在处理具体工作或问题时要努力适应社会的变化，用新颖思维与良好习惯鞭策自己不断进步，工商管理人员要积极听取他人提出的意见，高瞻远瞩地努力实现自我突破与发展。

（二）提高分析判断能力

工商管理人员往往需要处理错综复杂的问题，面对千变万化的外部环境，若想灵活自如地处理好工商管理工作，一定的分析判断能力必不可少。一方面，心态上要沉着冷静。工商管理人员要清醒地认识到工作中可能存在的风险、隐患和漏洞，保持镇定、认真分析、理性应对、提前预判，面对突如其来的问题或棘手状况，工商管理人员要采取积极的措施有效应对，并在这一过程中不断磨炼自己的坚韧意志、品格与毅力信念，为分析判断能力的提升夯实基础。

另一方面，要保持敏锐洞察力。敏锐指的是对于市场、环境、内外部各类信息的敏锐感官；洞察指的是在纷繁信息中，能够进行信息筛选、数据清洗、获取有效信息、得出有用结论，以及在看似无效、无用的信息中"淘金"，挖掘利用价值、为我所用。信息的重要性对工商管理人员而言毋庸置疑，企业下一步的发展方向往往取决于收获信息的多寡及有效与否，工商管理人员需要具备敏锐性、洞察力，善于获取、分析、处理、利用信息，为企业管理和发展提供决策参考。

（三）增强竞争意识与创新意识

工商管理从业人员的竞争意识是一种精神振奋、拼搏向上、积极进取的精神状态，是百折不挠、坚持不懈的坚定勇气，工商管理人员需要保持竞争意识，不断迎难而上突破自我。同时，需要引导鼓励员工保持竞争意识，感受市场压力，使员工将企业发展与自身发展紧密结合，凝聚合力、团结一心共同推动企业成长。创新精神是企业长足发展的不竭动力、实现企业目标的关键环节、保持长盛不衰的重要法宝，是面对国际化市场、信息数据高速发展时代的必然要求。工商管理人员要具备完善的管理理念，努力帮助他人调整心态。工商人员要将这种竞争意识、创新意识运用到具体工作中，最大化地调动员工的工作积极性，不断引导他们制定更高的工作目标，从而协助企业获取更高的经济效益。在企业竞争自律意识的强化引导下，要对优秀人才培养给予充分重视与尊重，提供广阔的职业发展交流平台，不断拓展其视野，增强创新发展意识与自主创新能力等，这些都是作为现代企业优秀人才所必须具备的能力。工商管理工作人员在企业管理中要自觉地树立创新、创业精神，既不故步自封，也不完全单纯地依靠传统的管理经验，要用创新管理思维不断推动国内企业在国际市场竞争环境中的健康可持续发展，引导企业不断走出独具特色的发展创新道路。

（四）提高决策执行力

执行能力及决策能力与工商管理人员的工作经验、知识水平、眼界视野等方面息息相关。工商管理人员要不断提升自己的认知水平，除了精通工商管理专业知识，还需要掌握公司主营业务、主要技术等相关知识以及其他学科领域的信息，广泛涉猎、开阔视野、打开格局、积累经验，持续增强自己的组织能力与协调能力，不断提升执行决策水平。企业工商管理人员在工作中要保持高度的敬业精神，对待工作严谨认真、对待同事宽容和善，引导并营造团结和谐的团队氛围，在目标一致、团结和谐、互助共赢的团队中，员工也能够积极响应并落实领导决策、反馈决策落地真实效果。企业要积极鼓励工商管理人员进行综合能力的提升，通过组织参加培训、参与讲座、交流调研、外出考察等方式，帮助工商管理人员打开视野、加强学习、拓宽思路。

（五）坚持调研与实践

没有调查就没有发言权，在工商管理人员进行决策的过程中，调查研究是重要的依据。工商管理人员要将调查研究贯穿整个工作，努力把握企业发展的正确方向。在做出决策之前，工商管理人员要切实地深入市场，积极收集当今社会对企业的具体需求，充分结合整个行业的社会发展前景与企业自身现状，从而做出准确判断。工商管理人员要清楚地认识到实践是检验真理的唯一标准，只有不断进行实践才能对自己的想法与理论进行充分验证，只有不断进行实践才能促使自己的实际操作能力得到稳步提升。基于此，工商管理人员在自我发展中一定要重视实践并努力在实践中不断磨炼。在管理工作中，要敏锐判断员工的实际工作能力水平，与员工之间进行积极交流沟通、信任鼓励，促使员工整体的主动性和积极性能够得到有效的调动，从而有效推动企业长远健康发展。

三、完善培训效果评估

一套完整的培训系统主要包括四个方面：调研、设计、实施和评估。评估作为最后一个环节，起到反馈员工培训效果的作用，是不可或缺的环节。

（一）培训效果评估的内容

培训效果评估分为反应、学习、行为和结果四个层次。

反应层次评估：这一层次的评估主要是对员工培训之后满意程度的反馈调查。最常用的评估方法就是在员工培训完之后，以调查问卷和课程评价表发放的形式来进行的。这样的方法比较简单，在培训结束以后即可随堂完成。出于环保和匿名的考虑，公司在这一层次的评估可以以网络问卷发放的方法来进行。

学习层次评估：对于学习层次的评估，目的在于对员工培训内容的掌握情况进行了解，主要通过考试的方式来进行。可由相关的培训老师出具考试题目，由培训小组成员监督进行测试。一些具体设备的操作培训，也可以通过实际操作来考察。

行为层次评估：是对员工在培训的时候学到的东西能不能用到平时的工作中去的评估，一般在培训结束一段时间之后来进行评估。主要可以从员工在培训之后的绩效方面来看出培训的效果，然后再针对其效果进行培训工作的调整。培训小组在员工培训之后依据效果的评估提出培训改进计划，然后再由领导批阅审查，如此可以大大提升培训的效果，让员工把培训中的内容更多地应用到实际工作中。

结果层次评估：指的是员工参加培训后得到的经济效益的评估。因为培训的内容与最终员工能够掌握的知识有一定的差距，所以结果层次的评估有一定难度。但结果层次的评估却非常重要，因为它是改善绩效的依据，也就是说为企业以最低的成本获取更大的利润提供改进的方法，即提高培训的效果，增加收益，让培训的效果与收益成正比。

（二）培训效果评估的实施

培训项目实施以后，选择合适的方法对培训项目进行评估。评估的重点在于真正了解培训课程的效果并把培训内容真正运用到企业实际运营中，公司员工培训效果具体的评估可以按以下方式进行：第一，通过检验的方式，对员工进行的测验，检验他们对知识的掌握程度，培训的效率，从而对培训的效果有一定的了解。第二，可以以培训参加者作为调查对象，在讲师下课以后，给受训员工发一份调查问卷，让他们对里面的内容进行作答。对讲师的上课内容、授课的方法、授课的效率以及学生所学的知识进行评价。另外，也可以通过与员工交流来了解，可以举行小小的互动活动，通过员工对问题的回答来了解培训的效果。第三，可以观察员工进行培训之后，在实际工作过程中发生的改变，这个可以由接受培训人自己、讲师或者是身边同事进行评价。这些评价的方式可以单独使用，比如对新员工的企业规章制度的培训，就可以单独采用培训后检测的方式进行。但更多的时候可以综合运用这些方法，更加全面地进行培训效果的评估。

四、加强培训工作的制度建设

组织与制度是建立培训体系的基础，做好培训工作，既要有相应部门的主导又要有相关制度的保障。因此，培训体系的建立应当首先进行组织机构的建设与培训制度的完善。

（一）建立培训组织

正如管理学的基本原理表述的那样，功能决定结构、结构支持功能，组织发展战略目标的实现取决于组织结构的有效设计。因此企业培训工作的完成有赖于一个高效、精简的培训管理组织。

根据企业的情况，结合培训工作流程，将培训小组的工作分为综合管理、培训项目设计、培训实施、培训效果评估、培训师管理。

综合管理工作一般由培训主管负责，总揽培训工作的全局。具体的培训项目可以采用专人负责制，每一个培训项目都由一名培训小组工作人员负责项目的设计与实施，其间可以抽调培训项目涉及的部门的员工进行辅助工作。培训效果的评估可以由除该项目的负责人以外的培训小组成员担任，评估的结果作为培训项目负责人绩效考核的依据。培训师管理工作可由专人负责，便于讲师信息的搜集与汇总。

（二）完善培训制度

培训制度是各项培训工作开展的依据，因此，培训制度的完善与否直接关乎企业培训工作的质量。培训制度的制定要遵循以下要点：第一，从实际出发，在充分了解企业经营要求和人力资源状况的情况下制定；第二，严格制度执行，要有制度执行的相关规定，确保执行到位；第三，内容及时更新，根据企业发展状况，定期修改和完善培训制度。

结合企业现在的实际情况在原有的制度基础之上完善培训制度，培训制度的完善可以从以下几个方面进行：

1.培训小组工作职责

培训小组的主要职责是：负责制订公司年度培训计划、帮助各部门制订部门培训计划，并组织实施；进行公司员工培训项目的设计；对公司员工培训工作的实施进行监督、指导和评估；负责管理企业培训师队伍；建立、管理公司员工培训档案及相关课程资料。

2. 培训类别

将公司的员工培训划分为新员工培训、在岗培训、职业培训和目标培训四种。新员工培训是使新员工掌握企业的基本信息（如发展历程、规章制度等）、熟悉工作环境、了解工作基本要求、从而具备公司所期望的个人态度和技能的培训，目的在于帮助新员工完成职业化的过程。在岗培训是使员工掌握所在职位所需要的专业技能和技巧，提高工作效率，完成工作目标的培训。职业培训是根据员工个人的优势和意愿，将员工看成公司增值的资源，为员工制定职业生涯发展规划，进行相关的职业培训，以适应公司发展的要求，同时提高员工自身的价值。目标培训是公司为完成特定的目标，组织相关人员学习完成目标所需要的技能的培训活动。

3. 培训计划

培训工作小组在年初结合公司的人力资源计划（如员工招聘计划、调动计划）、公司发展目标、上年培训计划完成情况、所收集的培训需求等因素制订年度培训工作计划。及时将编制好的计划下发到各部门，并且收集各部门意见，综合平衡后编制年度培训工作计划。根据年度培训计划进行合理预算，并将其与年度培训工作计划一同上报总经理审批。经审批同意的年度培训工作计划由培训工作小组按部门分解成月度培训计划，下发到各部门。同时培训工作小组需建立年度培训工作计划与各部门月度培训工作计划档案。

4. 培训的基本内容及方式

新员工培训的基本内容是公司的概况、组织机构、规章制度、公司的经营方针、目标、公司文化、经营活动、产品特征、销售方式以及新员工所担任职务的工作情况和业务知识。培训可采用培训讲师集中授课、参观等方式进行。培训时间为新员工入职后一周内进行。在岗培训的主要内容是岗位职责；人员配置及设备、设施的分布情况；工作操作规程；工作程序；相关管理知识；服务意识、技巧；特殊状况时的特殊处理程序等。可采用宣讲、案例分析和实际操作相结合的方式进行，培训时间和培训地点由培训工作小组进行具体安排。培训结束后，可采用闭卷、实际操作等方式进行考核与评估。职业培训将根据公司长远发展目标和管理层的规划具体实施，以便不断提高核心员工的专业知识、管理水平和技巧。目标培训将由任务负责人进行专题培训，以便部门间相互配合，共同完成目标。

5. 加强培训的评估与考核

在培训计划实施过程中，培训工作小组需要派人对培训进行记录、评估，每次培训评估结束后，培训工作小组相关人员需要总结培训项目的经验得失，并编写培训报告，报相关管理人员审批。培训工作小组对受训人员进行考核，以便了解培训效果。受训人员的考核成绩将直接与其工作绩效挂钩。所有培训记录由公司培训部统一保存。培训记录包括培训计划、教学内容、培训申请表、培训协议、考核记录、员工培训登记表等，这些记录将作为员工升职、工作转换和其他人事工作变动的重要依据之一。

五、企业员工培训管理方案的实施保障

再好的解决方案也需要落到实处才有意义，换句话说，如何让对策真正发挥作用，才是解决培训问题的关键。然而，对策的实施不是一蹴而就的事，需要按步骤、有方法地落实，更

需要相关措施的完善来保障，如此才能让员工和企业更快地适应新的培训体系，减少磨合的时间，提升企业效率。

（一）以战略目标指引培训体系建设

在市场中，企业是以盈利为目的的，企业的各项经营活动归根结底都是为实现企业的经营目标而进行的，培训也不例外。而企业的战略是依据公司的目标、政策和行动计划制定的，因此企业战略与培训有着直接的联系，不同战略下的培训需求存在很大的差异，企业的员工培训管理也会截然不同。比如，内部成长战略下的企业，其重点在于市场开发、产品开发、创新等方面，那么企业培训的内容便集中于产品价值培训、文化培训、技术能力培训等方面；相比之下，重点在于扩大市场份额的集中战略下的企业，其员工培训集中于团队建设、项目培训等方面。可见企业培训应当与战略目标保持一致，这样才能充分发挥自身作用，为企业实现目标提供支持。

（二）用逐步推进保障培训制度落实

如果在制度建立之初就在企业全面推进，可能会由于企业各个部门的不同情况，出现各种不同的问题，制度落实的难度就会增大。因此，培训方案的落实应该采取以点到面、逐步推进的方式，具体实施时可以选取1至2个部门作为试点部门。在推进过程中也不要一下子就把过去的制度推翻，而是逐步地改变，先从培训需求分析开始，再逐渐转变培训的方式，给员工适应的过程，也减少新旧制度交替带来的冲突。同时，在运行过程中及时解决出现的问题，不断优化培训方案，让员工和企业渐渐适应新的培训体系，也在这种相互适应的过程中逐步向整个企业推广。

（三）靠实时反馈及时调整培训方案

员工培训优化方案在从文字变成实践的过程必须根据具体情况的变化做出一定的调整，而具体情况的掌握就离不开信息的反馈，因此在优化方案实施过程中要重视各部门的反馈意见，及时对方案中不符合实际情况的部分进行调整。可以在政策推行过程中定期发放情况反馈表，让部门负责人简述培训制度落实的情况及反映出现的问题，由培训工作小组汇总后，根据情况对培训方案进行优化调整，保证企业逐步建立简单高效、可操作性强的员工培训体系。

在培训体系建立之后，实时反馈培训情况也是必不可少的。企业所处的环境时刻都在发生着变化，企业自身也在不断地成长壮大，因此员工培训体系不是一旦建立就会一劳永逸的，而是要不断地根据公司情况的变化进行及时的调整，因此反馈机制与培训体系相伴而生，培训小组可以通过不定期的随机与员工进行交流，实时掌握培训情况，通过反馈信息了解培训体系的运行情况，不断优化企业的员工培训体系，来保证员工培训体系长久的充分发挥作用。

（四）建学习型组织提升员工培训效率

学习型的组织是员工可以学习相关知识的组织，身处这样的组织中员工可以不断提升自身的能力和素养，也可以更好地适应企业发展所带来的变化。学习型组织对于员工的学习不再是强制性的要求，而是通过不断地提高组织里的学习氛围让员工在意识上主动地去学习，以增加员工提升自身技能和素养的效率。在这样的环境下，组织内的员工可以相互帮助，共同地提升，以达到企业培训的目的。建立学习型组织应该从以下两个方面着手：一是树立活到老学到老的观念，每个员工都有终身学习的思想观念，就会将学习看成是生活的一部分，不断地学习和提高自身的能力；二是形成全体全员学习的氛围，全体的公司成员，不论职位大小、学历高低都共同关注学习提升，身在这种氛围中的每一个员工就会不断提升自己，企业实力自然就增强了。在企业中，管理者的学习尤为重要，因为他们做出的每个决定都会直接影响企业的发展，所以他们就更需要不断地学习，来适应整个市场环境的变化。

学习型组织中的员工会将培训视作福利，参与培训活动就会更加积极，管理者也会更加注重投入，培训的效率自然就会提高。

（五）搭多元交流平台提升培训效果

科技时代在带来许多便利的同时，也对企业管理产生了一个负面影响——沟通不畅，员工的意见不能及时反馈到企业的管理者面前，企业的决策在经过层层传达后，出现在员工面前时常常已经不是原来的面貌了。

员工培训管理就需要企业与员工进行高效的交流，这样企业才能更清楚员工的培训需求，设计更适合自己员工的培训项目。因此，搭建沟通平台，建立高效的沟通机制是提升培训管理水平的保障。企业与员工的沟通有很多种方式，可以通过书面表达也可以直接进行口头交流。企业可以采用多种方式并行的方法，来提高沟通效率。

第一，公司可以通过规定以某种固定的书面方式，建立制度化、规范化的沟通渠道，让企业员工能够以规范肯定的形式表达观点。

第二，企业的高层管理人员可以不定期到基层员工的工作岗位，了解员工工作内容和思想状况，听取员工意见。

第三，部门内部可以通过召开例会、专题会议等进行沟通，达到上传下达的目的。

第四，公司各部门间通过召开座谈会、工程进展交流会等互通信息，达到增进相互了解的目的。

第五，通过举行拓展训练、聚餐、趣味运动会等方式，丰富员工的业余生活，也营造出轻松的沟通环境，增进员工间相互了解，提升企业的凝聚力。

第六，设立民意邮箱，员工可以匿名发表见解，使企业进一步了解员工的思想状况。

沟通是双向的，搭建起了沟通平台后还需要双方共同的维护才能真正做到有效的沟通。作为管理者，要对收到的意见和建议及时给予认真的回复，以平等的姿态与员工真诚交流。作为企业员工，在提出意见前应该充分了解具体情况，采用正确、合理的方式，理性地表达自己的见解。企业与员工双方平等、坦诚地交流想法与心得，不仅仅为员工培训提出更多意见与想法，更加能够为企业整体的发展出谋划策，如此企业才能更加健康稳步地发展。

参考文献

[1] 熊灵婧. 工商管理对经济发展的促进作用思考 [J]. 全国流通经济，2019（1）：50—51.

[2] 阙海宝. 工商管理对经济发展的促进作用探析 [J]. 现代商业，2018（35）：129—130.

[3] 朱静. 论工商管理对经济发展的促进作用 [J]. 经贸实践，2018（24）：40.

[4] 万柏峰. 企业工商管理的未来发展方向及管理模式探索研究探讨 [J]. 市场周刊·理论版，2020（23）：49.

[5] 王思雨. 企业管理的未来发展方向及管理模式探索研究探讨 [J]. 商情，2020（22）：82，111.

[6] 丁仕勇. 企业工商管理的未来发展方向及管理模式探索研究 [J]. 中国中小企业，2022（6）：74—75.

[7] 滕飞. 关于企业工商管理的未来发展方向及管理模式探索研究 [J]. 新丝路：上旬，2020（3）：46.

[8] 刘文兴，刘旭东. "企业导师进课堂"对人力资源管理课程改革的探索 [J]. 当代教育实践与教学研究，2020（4）：195—196.

[9] 余星云. 关于企业工商管理的未来发展方向及管理模式探索研究 [J]. 现代经济信息，2021（4）：164—165.

[10] 孙晋秋. 关于企业工商管理的未来发展方向及管理模式探索研究 [J]. 中国集体经济，2020（34）：65—66.

[11] 申春艳. 企业工商管理的未来发展方向及管理模式探索 [J]. 企业文化（中旬刊），2020（4）：204.

[12] 刘俊瑜. 经济结构转型发展下企业工商管理模式的构建探讨 [J]. 全国流通经济，2021（1）：36—38.

[13] 冯永春，皇甫云峰. 管理移植视角下企业管理能力提升过程与模式研究——基于物美集团的探索性案例分析 [J]. 管理学报，2022，19（2）：169—179.

[14] 徐敏. 浅析经济结构转型发展下企业工商管理模式创新与实践 [J]. 全国商情·理论研究，2021（13）：78—80.

[15] 余星云. 关于企业工商管理的未来发展方向及管理模式探索研究 [J]. 现代营销：经营版，2021（4）：164—165.

[16] 张娜. 大数据技术对企业管理的决策影响研究 [J]. 计算机产品与流通，2020（10）：3.

[17] 王大伟. 基于大数据对企业管理决策影响研究 [J]. 中文信息，2019（08）：83+88.

[18] 张忆珅. 关于大数据对企业管理决策影响的研究 [J]. 市场周刊（理论版），2019（27）：9—10.

[19] 马二伟 . 大数据对企业经营管理的影响研究 [J]. 管理现代化，2016，36（03）：126—128.

[20] 罗佳 . 浅析大数据对企业管理决策的影响 [J]. 经济研究导刊，2020（19）：12—13.

[21] 罗元松 . 大数据时代企业管理会计面临的挑战与解决措施分析 [J]. 当代会计，2019（23）：138—139.

[22] 陆建兵 . 基于大数据环境下的中小型企业管理决策分析研究 [J]. 现代营销（经营版），2019（12）：136.

[23] 袁桂英 . ANN 结合 Petri 法的市场营销风险预警方案设计 [J]. 统计与决策，2018，34（14）：182—185.

[24] 何祉杰 . 新形势下企业市场营销风险预测及管理思考 [J]. 环球市场，2021（25）：47—48.

[25] 张蔚钦 . 市场营销创新和风险管理在新时期创业企业的实施探讨 [J]. 中国民商，2019（8）21—22.

[26] 谭萌 . 企业市场营销中的法律风险问题探析 [J]. 中国市场，2020（24）：132—133.

[27] 魏浩 . 探讨建筑施工企业的市场营销管理 [J]. 中小企业管理与科技，2020（18）：11—12.

[28] 李鑫 . 分析企业市场营销的风险与应对策略 [J]. 财讯，2019（31）：164—165.

[29] 葛建军 . 企业环保问题经营化战略及实施模式创新探讨 [J]. 资源节约与环保，2021（2）：124—125.

[30] 李京京 . 企业环保问题经营化战略与实施模式创新 [J]. 活力，2021（8）：93—95.

[31] 蒋瑞熙，陈华芳 . 企业环保问题经营化战略与实施模式创新 [J]. 经营与管理，2017（9）：35—38.

[32] 李晓颖 . 企业环保问题经营化战略与实施模式革新探索 [J]. 安阳师范学院学报，2019（4）：36—38.

[33] 邵东群 . 环保公司发展战略及实施路径研究 [J]. 科学与财富，2020（4）：141.

[34] 刘晨，王俊秋，邱穆青 . 客户年报风险信息披露对企业现金持有决策的影响研究 [J]. 管理学报，2022（12）.

[35] 张晨，胡梦，曹雨清 . 新经济背景下碳信息披露对融资成本的影响 [J]. 会计之友，2022（24）.

[36] 王梦凯，刘一霖，李良伟，马德芳 . 党组织"双向进入、交叉任职"能抑制企业信息披露违规吗？ [J]. 外国经济与管理，2022（12）.

[37] 余灵，许敏 . 碳信息披露对股东投资激励影响的实证研究 [J]. 现代商业，2022（34）.

[38] 肖赫，李钰博 . 企业社会责任会计信息披露研究 [J]. 合作经济与科技，2023（3）.

[39] 李佳俊 . 上市公司碳会计信息披露研究 [J]. 科技经济市场，2022（12）.

[40] 马坤 . 上市公司会计信息披露存在的问题及解决思路 [J]. 内蒙古科技与经济，2022（22）.

[41] 陈梅 . 提高会计信息披露质量的若干思考 [J]. 中国储运，2022（1）.

[42] 谷溪，乔嗣佳 . 国企混改治理效果的资本市场证据——基于信息披露违规事件的实证检验 [J]. 财政科学，2021（9）.

[43] 仲云云，余赟 . 碳信息披露的研究综述 [J]. 经济研究导刊，2021（34）.

[44] 张军 . 企业加强人力资源管理信息化建设的有效策略探讨 [J]. 企业改革与管理，2022（10）.

[45] 裴国栋 . 探究工商企业经济管理信息化发展策略 [J]. 老字号品牌营销，2022（6）.

[46] 徐武沙 . 企业管理信息化发展策略的有效提升 [J]. 现代营销（下旬刊），2020（6）.

[47] 杨朝辉 . 企业信息化建设中的标准资源发展策略 [J]. 中小企业管理与科技（中旬刊），2020（3）.

[48] 张晓东 . 大数据时代下企业管理会计信息化发展策略 [J]. 纳税，2020（7）.

[49] 张婕予 . 循环经济理论下企业信息化发展策略探讨 [J]. 中国集体经济，2020（3）.

[50] 唐娜娜 . 企业管理信息化发展策略创新探究 [J]. 现代物业（中旬刊），2018（7）.